£1·80

ARIEL

JOSÉ ENRIQUE RODÓ

ARIEL

EDITED WITH AN INTRODUCTION

AND NOTES BY

GORDON BROTHERSTON

Lecturer in Literature, University of Essex

✤

CAMBRIDGE

AT THE UNIVERSITY PRESS

1967

Published by the Syndics of the Cambridge University Press
Bentley House, 200 Euston Road, London, N.W.1
American Branch: 32 East 57th Street, New York, N.Y. 10022

Introduction and Notes
© Cambridge University Press 1967

Library of Congress Catalogue Card Number: 67–10988

Printed in Great Britain
at the University Printing House, Cambridge
(Brooke Crutchley, University Printer)

CONTENTS

ACKNOWLEDGEMENTS

I should like to thank the following for helping me with this edition in various ways: Roberto Ibáñez, T. A. Praderio, the staff of the Archivo Rodó, Montevideo, and Professor Donald Davie, Dr George Dekker and Dr Simon Collier, all of the Department of Literature at the University of Essex.

J. G. B.

INTRODUCTION

When it was first published early in 1900, *Ariel* brought immediate fame to its author, the Uruguayan José Enrique Rodó (1871–1917). Subsequently the work has been through over thirty editions, in Spanish and in translation, and remains, with *Motivos de Proteo* (1909), his best-known book. Indeed, it might even be said that *Ariel* is the reason why Rodó is remembered at all. While not going to that extreme in this introduction, we can legitimately turn from the man to the work and dispense with biographical detail:[1] it is enough for our purposes to say that he wrote *Ariel* at the age of twenty-eight, after a number of essays published in the *Revista nacional de literatura y ciencias sociales* (a periodical he helped to found), and as the third work in the series he entitled *La vida nueva*—the second being his brilliant study of Rubén Darío. These early essays, and the course of lectures on Western literature that he began to give at Montevideo University in 1898, served as vehicles for some of the ideas about aesthetics and morality which he reshaped in *Ariel* as a more professional and accomplished *pensador*. There is no equivalent in English to this term; in Latin America the *pensador* aspires to being a philosopher on the one hand, and a journalist on the other, and yet escapes the sneer sometimes implicit in the word 'thinker'. While being neither a philosopher nor a journalist in a strict sense, for his time Rodó was both of these things;[2] and this encourages us to examine the

---

[1] This is supplied in abundance by Victor Pérez Petit in *Rodó. Su vida— su obra* (Montevideo, 1937). See also Lauxar (Osvaldo Crispo Acosta), *Rubén Darío y J. E. Rodó* (Montevideo, 1945).

[2] See in general: Ventura García Calderón, *Semblanzas de América* (Madrid, 1921), pp. 7–26; Andrés González-Blanco, *Escritores representativos de América* (Madrid, 1917), pp. 1–78; Gonzalo Zaldumbide, *José Enrique Rodó* (Madrid, 1919), and Mario Benedetti, *Genio y figura de José Enrique Rodó* (Buenos Aires, 1966).

1

ideological content of *Ariel* before considering the force contemporary circumstances gave it.

The title *Ariel*, like that of the collection of essays *El mirador de Próspero* (1909), shows us that Rodó was familiar with *The Tempest*. Indeed, he went so far as to explain to the reader of *Ariel* the significance of the characters in the essay in Shakespearian terms. These hardly whispered promptings of his, before and at the end of the long speech by Prospero which forms the bulk of *Ariel*, led the Spanish critic Leopoldo Alas (1852–1905) to attach great importance to the influence of Shakespeare on Rodó;[1] he thus encouraged many subsequent critics to lay too exclusive an emphasis on *The Tempest* and diverted attention from other sources. But even Alas had allowed for a more helpful approach when he mentioned Renan, *en passant*, before going on to discuss and quote Shakespeare. For, as Rodó's compatriot Alberto Zum Felde (1888–) and other critics have rightly suggested, Renan's *Caliban, suite de La Tempête* (1878) was more immediately important to Rodó than *The Tempest* itself. The debt to Ernest Renan is obvious and acknowledged in the repeated references that Rodó makes to him, which outnumber those made to any other writer; and the specific debt to *Caliban* is implicit in the mention, in the fourth part of Prospero's speech, of the defeat of Ariel, the dénouement of the play. Rodó's Prospero, with his book-lined study, resembles Renan's intellectual more closely than Shakespeare's duke. The questions at stake, the struggle between utilitarian democracy (Caliban) and spiritual values (Ariel), belong not to the Elizabethan era but the nineteenth century. No more need be said to suggest the influence of Renan's *Caliban*. But the nature of this influence must be made clearer than it has been hitherto; we must know more about Rodó's position *vis-à-vis* Renan, indeed about his relationship to

---

[1] See his review of *Ariel* in *Los Lunes del Imparcial* (Madrid), 23 April 1900 ; included as a prologue in the second and several subsequent editions of *Ariel*.

2

the body of nineteenth-century writers he quotes in *Ariel*. For yet another writer was more important to Rodó than either Renan or Shakespeare: Alfred Fouillée, an essayist and popularizer active in France at the end of the nineteenth century.

If we accept that Rodó carried on in *Ariel* from the point where Renan left off at the end of *Caliban*, we can see that he was faced with the prospect of the demagogic Caliban's victory, the sensitive Ariel's disappearance into thin air to become a spirit of the universe, and the wise Prospero's grudging acceptance of the situation. Rather than compromise ('prius morire quam foedari'), Renan's Ariel had chosen to disassociate himself from the world of men, leaving the dethroned Prospero to defend himself alone against the plebs who, now educated and led by Caliban, were no longer susceptible to the power of magic. Renan hints that Prospero, in order to protect his intellectual élite, is ready for an alliance with the triumphant Caliban. This apparent indifference to the fate of Ariel irritated many French thinkers, among them Fouillée. His book, *L'idée moderne du droit en Allemagne, en Angleterre et en France*, which appeared in Paris in the same year as *Caliban* (1878), censured Renan for his adherence to a new, dangerous and basically cynical 'école aristocratique' in France, and pleaded for Ariel's resurrection and transformation:

Mais pourquoi, au lieu de s'abîmer dans la nature aveugle, Ariel ne se répandrait-il pas dans l'humanité entière, se faisant chez les uns simple germe d'intelligence, fleurissant et s'épanouissant dans le génie des autres, mais partout présent et animant tout de sa pure flamme? Pourquoi enfin, avec le temps, ne transfigurait-il pas le peuple lui-même, si bien qu'au bout d'un certain nombre de siècles Caliban, prenant conscience de l'esprit qui habite en lui, qui est lui-même, serait devenu Ariel?[1]

Renan's own answer to this question two years later in another play, *L'eau de jouvence: Suite de Caliban*, was ironic in the extreme, and in one respect as ominous as

[1] *L'idée moderne du droit* (Paris: Hachette, 1878), Book 5, v (p. 344).

3

Aldous Huxley's in that other continuation of *The Tempest*: *Brave New World*. In the preface to *L'eau de jouvence* Renan urges sympathy for Caliban, who is shown to be assuming agreeable and even aristocratic attitudes now that he is supreme, and asks that we endeavour to attach Ariel to life again, to accept him into our world so that he is not tempted to abandon us again at the slightest provocation. In the play itself, however, we are asked to believe that Renan is willingly sacrificing the devotion to science and culture which he had formerly advocated, in favour of the egalitarian hedonism which Caliban's régime fosters. We are asked to accept that he is serious about 'attaching Ariel to life'; yet he does no more than make Prospero exact from Caliban an undertaking that a sinecure will be reserved for Ariel in the new republic as a warden at the castle of Sermione (Act v, scene v). The reasons for Renan's withdrawal and his elusiveness may have been personal: his mixed feelings towards Gambetta, his hatred for the Roman Catholic church, his curious position in the Republic in the 1870s. In any case they are certainly irrelevant here, and were to Rodó. For Rodó, unpreoccupied by the subtleties of Renan's thought on these matters, goes straight back to the question Fouillée asked about the dénouement of *Caliban*. In *L'idée moderne du droit*, which, like *Ariel*, treats Shakespeare's characters more as symbols than as dramatis personae, Fouillée was not concerned with the intricacies of Renan's ideas but with what *Caliban* suggested were their main tendencies. And these seemed to him authoritarian and fear-inspired, and to continue the lines of the *Dialogues philosophiques* and *La réforme intellectuelle et morale de la France* (1871). Rodó not only adopted this interpretation but went so far as to quote, as if for the first time, Renan's dictum in the *Dialogues* about democracy being at odds with God's design ('l'antipode des voies de Dieu') when Fouillée had already quoted it in the same context in *L'idée moderne du droit* (see p. 62 below). Elsewhere in *Ariel* Rodó borrows from Fouillée's book, and

4

his one specified quotation from it, although inaccurate, is still one of the only three footnotes in the whole of the essay. Fouillée is more important than either Renan or Shakespeare in the creation of *Ariel*: when Rodó is discussing Ariel and Caliban, and the allied questions of the individual and the mass, hierarchy and equality, culture and democracy, he tends to see Renan through Fouillée's eyes. And this view, significantly enough, sometimes differs from the view uninterrupted by Fouillée, the view taken of *Les origines du Christianisme* for instance.

In *L'idée moderne du droit* Fouillée outlined two main attitudes towards the question of the individual and the mass; these he called the aristocratic and democratic schools of thought. Rodó adopted this division in *Ariel* and gave copious examples of the two attitudes. On the one hand he finds in the writings of Carlyle, Emerson, Comte, Taine, Nietzsche, Ibsen and, of course, Renan a shared desire for heroism in the purest sense, for individual self-elevation and leadership, and a corresponding disgust with the harmful effects of a mass movement like utilitarian democracy on the cultural integrity of the individual. On the other hand he follows Comte further in seeing democracy as an inevitable and welcome antidote to centuries of aristocratic tyranny, and subscribes to the theories of Quinet, Bagehot, Bérenger and Bourget in so far as they suggest that sheer quantity is essential to the production of an outstanding individual; indeed that masses in themselves, like the micro-organisms of the coral reef, can achieve a sort of greatness of their own by their ceaseless corporate action. But for Fouillée, and therefore for Rodó, neither of these attitudes is satisfactory and either as an extreme is vicious. The aristocratic solution is not acceptable, because it chooses to ignore the palpable fact of democracy, and because of its intellectual and social implications: particularly, in Renan and Nietzsche, the concomitant scorn for inferior beings and the unreserved worship of superior ones. This seems to Rodó dangerous and

5

absurd because it is a static solution that is ultimately stultifying and self-evidently evil; although it might be added that his reservations on purely Christian grounds are secondary and not at all as important as Alas and some other critics, mostly Spanish, have given their readers to understand. But the alternative solution is no better as an extreme; Rodó felt even greater disgust at the thought of an amorphous, undirected democracy, choosing everything on a majority basis, blinded by brute utilitarianism to beauty and any possible meaning in life, and by its very nature stifling every breath of individual excellence. What begins as disagreement with Alberdi's advocacy of indiscriminate immigration and population increase (see p. 55 below) ends with the use of Baudelaire's savage word for the average and mediocre: the zoocracy.

Rodó, then, will be neither a conservative nor a democrat. Politically, this did not embarrass him, as he showed in his closely argued defence of his liberal position in *Liberalismo y Jacobinismo* (1906). But those arguments are absent from *Ariel*, and what we have instead in that essay is a varied and even confused set of responses to an evident dilemma.

His principal and most convincing single response was prompted by Fouillée, by the suggestion in *L'idée moderne du droit* that as society evolved the law of natural selection would become less brutal, the rigour of social hierarchies being attenuated as man progressed. Rodó elaborated this idea attractively, saying some conception of hierarchy was essential to progress since man could improve only by having a superior model to imitate; and he appealed messianically to youth to become a 'prophetic species' and the harbingers of a new kind of spiritualized society (see p. 97 below). Prospero urges man to transcend himself, to become a model of human perfection and integrity to be imitated in a perpetually transformed society in which Caliban could become Ariel, and not to conform slavishly to the demands of undifferentiated utilitarian democracies in which human personality is warped and in which Ariel

6

is a stranger. All this, the philosophy of 'ideal optimism' which Rodó developed brilliantly in *Motivos de Proteo* (1909),[1] seems perhaps high-flown to us; but it is consistent in its evangelistic way and was found compelling at the time it was written.

The confusion arises chiefly in part three of Prospero's speech. Here Rodó suggests that man's highest faculty is an aesthetic one, that morality is dependent in the last resort on beauty ('A medida que la humanidad avance, se concebirá más claramente la ley moral como una estética de la conducta. Se huirá del mal y del error como de una disonancia; se buscará lo bueno como el placer de una armonía'); and he assumes simultaneously that beauty is not the property of the majority but the preserve of a select minority ('La superfluidad del arte no vale para la masa anónima los trescientos denarios. Si acaso la respeta, es como a un culto esotérico'). With this he comes close to sympathizing with the attitudes of his contemporaries the *modernistas*. Much of the *modernista* movement in Spain and Spanish America at the end of the nineteenth and the beginning of the twentieth century was nothing more than the *décadence* and art for art's sake of the French Parnassians and Symbolists. Rubén Darío's famous preface to his verse collection *Prosas profanas* (1896), full of virulent scorn for mediocrity, is typical of that aspect of the movement. In reality, Rodó had little to do with this posturing; he even ignored the (now greatly admired) poetry of his

---

[1] The thematic and stylistic similarity between this work and *Ariel* has led critics to argue that they both spring from a single uncompleted work in epistolary form to which Rodó made repeated reference in 1898; *Ariel* is mentioned more than once in *Motivos de Proteo*. For a succinct and illuminating account of Rodó's philosophical position, see Arturo Ardao, *La filosofía en el Uruguay en el siglo XX* (Mexico, 1956), pp. 25–44. At Montevideo University, under Alfredo Vásquez Acevedo, Rodó imbibed as a student the principles of Positivism, then dominant throughout Latin America. But after about 1895 he began, with his contemporary, Carlos Vaz Ferreira, to move away from utilitarian interpretations of Spencer's evolutionary philosophy and endeavoured to infuse a measure of 'ideal optimism' into them, while remaining true to Positivist principles. See also the second half of Rodó's own essay *Rumbos nuevos* (1910).

compatriot and contemporary, the decadent Julio Herrera y Reissig (1875–1910), at least until after Herrera's death. And in his critique of *Prosas profanas* he censured Darío for his affectation of elegant, aristocratic airs, pointing out the limitations of the decadent attitude. He argued that the meaning of the term *modernismo* should be broadened, and concluded by identifying it with his own 'ideal optimism':

Yo soy un *modernista* también; yo pertenezco con toda mi alma a la gran reacción que da carácter y sentido a la evolución del pensamiento en las postrimerías de este siglo; a la reacción que, partiendo del naturalismo literario y del positivismo filosófico, los conduce, sin desvirtuarles en lo que tienen de fecundos, a disolverse en concepciones más altas.[1]

In *Ariel*, however, he is less explicitly decided about what these 'concepciones más altas' are.

His indecision is unfortunate. For, once the reader becomes conscious of the surreptitious aestheticism in the third part of Prospero's speech, he is less likely to be charitable to the work as a whole. We may take as an example the fable of the oriental monarch. Rodó uses this fable to illustrate that state of 'libertad interior', that centre of independent inner life from which, to quote Havelock Ellis, we may 'organize the beauty and harmony of society'.[2] The idea as such is clear and is consistent with Rodó's theme of psychological integrity. But in the context of his advocating 'una estética de la conducta' the fable is also reminiscent of the precious retreat, 'el reino interior', of the *modernistas*, so that the reader is inclined to associate the privacy of the monarch's scented, softly lit inner room with the perverse seclusion and the dream-world of Axel's castle. And this escapism may in turn seem symptomatic of the insecurity and isolation that

[1] *Rubén Darío* (1899), *Obras completas* (Madrid: Aguilar, 1957), p. 187. For a detailed study of Rodó's relationship with the *modernista* Herrera and other members of the so-called 'Generación del 900', see Emir Rodríguez Monegal, *Rodó en el novecientos* (Montevideo: Número, 1950), especially the appendix.

[2] 'Rodó', *The Philosophy of Conflict* (London, 1919), p. 236.

8

almost all Latin American writers have confessed to feeling at some time or other in their lives.[1] Are we not told that, after hearing Prospero talk, his pupils are brought back to reality by contact with the human multitude, these pupils who must not only survive but dominate in the struggle for life if they are effectively to be the heralds of Ariel's new world?

We are bound, then, to accept Rodó's vagueness as a limitation. But we must accept, too, that because it is incidental Rodó's uncharacteristic yielding to a fashionable aestheticism does not ultimately vitiate his main contention:

Una vez más: el principio fundamental de vuestro desenvolvimiento, vuestro lema en la vida, deben ser mantener la integridad de vuestra condición humana. Ninguna función particular debe prevalecer jamás sobre esa finalidad suprema. Ninguna fuerza aislada puede satisfacer los fines racionales de la existencia individual, como no puede producir el ordenado concierto de la existencia colectiva.[2]

Even before *Ariel* was first published, Rodó was anxious about the way it would be received and interpreted in Latin America. Late in 1899, in an announcement of its forthcoming publication, a Uruguayan newspaper, *El Día*, described the work as a study of the pernicious influence of the 'raza anglo-yankee' on Latin America. Rodó ensured that this statement was corrected. A second announcement affirmed that the main themes of the work were the ones we have just discussed, and insisted that his remarks about the U.S.A. in the fifth part of Prospero's speech were meant merely to be illustrative of his main thesis.[3] In no sense were they intended as an indictment of that country. But despite these efforts of his, the essay became immediately

---

[1] See Jean Franco's forthcoming book, *Culture and Society in Modern Latin America* (Praeger–Pall Mall, 1967). For Axel's castle see Edmund Wilson's book of that name, the title being taken from the Symbolist Villiers de l'Isle-Adam's play *Axel* (1890).

[2] See p. 41 below.

[3] This incident is reported by Emir Rodríguez Monegal in his edition of Rodó's *Obras completas* (Madrid, 1957), p. 194.

famous and popular as such an indictment. As edition succeeded edition, the crude antithesis—Ariel (Latin America) *versus*, and superior to, Caliban (the U.S.A.)—was ascribed more and more widely to Rodó's essay. The reasons for this lay almost entirely outside the work itself: indeed it is possible to account for much of *Ariel's* success in terms of the atmosphere of the time, and the currents of feeling which still run strong in Latin America today.

In order to understand this atmosphere, and at the risk of seeming too schematic, we can say that Latin Americans adopted one of three main attitudes towards the U.S.A. at the time when Rodó was writing.[1] First, the idea of a Pan American union, of a 'Western Hemisphere', was still being staunchly upheld, notably in the famous note which the Argentine Foreign Minister Luis María Drago dispatched to Washington two years after *Ariel* appeared: a note that became known as the Drago Doctrine, and a corollary to the Monroe Doctrine of 1823. This move for inter-American attachment and closer union with the U.S.A. derived from the admiration felt through the greater part of the nineteenth century by Latin American countries, republics and colonies alike, for the emancipated states of North America. The Union was revered as a model of enlightened progress, and (although the North Americans did little in a practical way to help their southern brothers) as an antidote to the reactionary forces of Europe, and in particular Spain. At the same time as the Spanish satirist Mariano José de Larra (1807–37) was being admired and imitated, notably by Alberdi, not as a Spaniard but as a martyr to his country, in the speeches and writings of men like Bilbao, Sarmiento and Alberdi himself, the figures of Washington and Jefferson were being endowed with rare excellence in the eyes of South Americans. In the case of Alberdi and other Argentine thinkers, desire for union and

[1] For a fuller treatment see: A. P. Whitaker, *The Western Hemisphere Idea* (Cornell University Press, 1954) and Stephen Clissold, *Latin America. A cultural outline* (London, 1965), ch. 3. The case of Brazil is perhaps different.

10

respect for the life, character and institutions of the north, in short for the Anglo-Saxon 'race', amounted to a tacit admission of at least temporary inferiority: for the immigrants to South America from Europe in the latter half of the nineteenth century had still to be proved capable of the 'civilizing' influence expected of them, over those 'barbaric' Indians who still survived on the pampas, and over the creole population. A lack of confidence in Latin America that was basically racial was also evident in the writings of Carlos Octavio Bunge and the Bolivian Alcides Arguedas.

In a second, more neutral, position were those who consciously shared the views of the Cuban José Martí and the Puerto Rican E. M. de Hostos. Martí, an anti-clerical revolutionary, died in 1895 endeavouring to free Cuba from the Spanish yoke; but (as some recent commentators have been especially anxious to point out) this does not mean that he lived in order to convert it into a North American colony. He believed Cuba's cause to be Latin America's cause; and his long personal experience of North American life and his basically Liberal convictions led him to believe that close formal attachment to any other power was unhealthy in principle and that it would tend to warp Latin America's development. This leaves us with the third position.

By 1900 enthusiasm for the U.S.A. had been tempered in many quarters, and first in Mexico, by the Mexican war and the annexation of Texas; it was virtually extinguished at the time of the Pan American Conference of 1889–90 by the contemptuous arrogance of such statesmen as President Hayes and Richard Olney. Apprehension about the high-handedness of North American behaviour in the Caribbean turned gradually to Yankeephobia with the growing awareness of the political implications of the large-scale investments made by the U.S.A. in Latin America after 1890. With the Spanish-American War of 1898, feelings of animosity crystallized. As a result of Spain's total defeat, which Rodó refers to indirectly in *Ariel*, the U.S.A. occupied two former colonies: Cuba temporarily, and Puerto Rico permanently. Love-hate for the U.S.A. turned into simple hate, now that Spain had been definitely replaced by the U.S.A. as a threatening military power. For, at the same time, a sense of Latinity became more admissible in the emotions of the inhabitants of the former Spanish possessions in America, now that they could regard their old oppressor in her defeat with indulgence, feelings of fraternity and even love. Rubén Darío was quick to exploit this nascent racialism in poems like 'A Roosevelt' (1904) and 'Salutación del optimista' (1905), paeans to 'la América católica' and 'la América española', as he set about condemning the godless and dangerous inanity of North America.[1] This attitude received its apotheosis in José Vasconcelos's work *La raza cósmica* (1925), which foretold the ultimate triumph of the cosmic Latin race over the Teutonic north, and saw Latin America's struggle with the U.S.A. as a continuation of the wars of the Reformation between Catholic Spain and the Protestant north. It has been institutionalized in the unashamedly explicit rites of the *Fiesta de la Raza*, celebrated every 12 October by Spain and Spanish American countries.

Published two years after the Spanish-American War, and involved in the complex intensity of the feelings of Latin Americans towards the U.S.A. and Spain at that time, *Ariel* was bound to attract attention and be interpreted as a manifesto. Rodó's least stricture on North American society, combined with his evasive but articulate admission of his own Latinity, encouraged the notion that his despicable Caliban was really the U.S.A., and led readers to consider Ariel as a symbolic justification of their own racial and spiritual superiority. Prospero's calm appeal to the youth of Latin America was heard in many quarters as a patriotic shout, drowning his qualifications and even

---

[1] This, however, did not prevent him from adopting a very different attitude in 'Salutación al Águila' (1906).

12

his original point, in an atmosphere similar to that which encouraged misunderstanding of the French writers who discoursed on the causes of their country's humiliation in the Franco-Prussian War, and to whom Rodó was obviously indebted.[1] However much Rodó may have protested against this interpretation of his work, it was both natural and influential. But before going on to restate the main theme of *Ariel*, and thus to justify Rodó's defence of himself, it is perhaps as well to raise the question of the objectiveness of his attitude to the U.S.A., as it is implied in the essay.

While Rodó claimed to recognize the virtues as well as the faults of North America, and while his condemnation of the faults is noticeably less violent than that of writers both before[2] and after him, critics are right to point out the lapses in the generally elevated tone of his argument. His sarcasm at the expense of the worthy O. S. Marden (see p. 84 below) is an example of such a lapse. His shortness with Franklin is another. More telling is his use of his sources of information, which were all secondary, since he never visited the U.S.A. Respectable works like De Tocqueville's *De la démocratie en Amérique*, and Bourget's best book, *Outre-mer*, are used partially and even tendentiously: none of Tocqueville's reserved admiration for the country he knew first-hand, and little of Bourget's enthusiasm, is allowed to reach the reader of *Ariel*. His other sources are

[1] The Renan of *La réforme intellectuelle et morale de la France*, the Bourget of the preface to *Le Disciple* and the Bérenger of *L'aristocratie intellectuelle*.

[2] The U.S.A. was abused by Latin Americans sporadically throughout the nineteenth century; Emir Rodríguez Monegal (Rodó, *Obras completas*, p. 193) has argued that *Ariel* can be seen as a less bitter and partial continuation of the ideas developed by Paul Groussac in a speech he made in Buenos Aires on 2 May 1898, when he equated the U.S.A. directly with Caliban. Monegal, however, fails to support his thesis with a conclusive piece of evidence from Rodó's papers, a commentary by Rodó which reads: 'EEUU para Groussac. Su rasgo saliente y característico es la ausencia de todo ideal. Quiere sustituir la razón con la fuerza, la calidad con la cantidad, el sentimiento de lo bello y lo bueno con el lujo plebeyo (hay que caricaturar esto). Cree que le Democracia consiste en la igualdad de todos por la común vulgaridad. Frágil y deleznable organización sociológica sin hondas [raíces] en lo pasado ni principios directores en el presente' (Archivo Rodó, armario 2, 3A7, 20524).

either minor, like Chevalier's *Lettres sur l'Amérique du Nord*, or satirically irresponsible like Laboulaye's *Paris en Amérique*, or aggressively prejudiced, like Baudelaire's essay on the life of Poe. These works are given at least as much prominence as those books generally recognized as classic surveys of the U.S.A. Again, he deliberately ignores Whitman (whose work he knew) and talks about Poe and Longfellow instead, because it suits his argument to do so.[1]

But even if Rodó from time to time betrayed the psychological dubiety of his words 'les admiro, aunque no les amo', it was chiefly the political situation of the time and not his own intention which made *Ariel* seem like a piece of propaganda. He was justified in resisting interpretations which made Caliban the repellent symbol of North America and Ariel the seductive one of South America. For he was equating Caliban not with the U.S.A. but with the evils of a utilitarian society, and these evils, while particularly apparent at that time in the U.S.A., could equally well afflict any other part of the American continent, and indeed were threatening to do so in the economically developing River Plate area. Furthermore, he never made a clear moral and logical contrast between materialism and idealism. True to his basic Positivist suppositions, he devoted several paragraphs, reinforced by quotations from Taine and Saint-Victor, to the idea that economic development, as in the Italian Renaissance, was a prerequisite for refinement and culture; and considering what he seems to have learnt from Fouillée, it is not surprising to discover him resting his hopes for the future development of the U.S.A. on the basis of 'idées-forces' and the transformation of energy.

[1] Rodó seems almost to have had a change of heart when writing this fifth part of *Ariel*. From his papers it is evident that he discarded a large amount of the material he had collected, and had even cast into sentences, which was complimentary to the U.S.A.; for example, Gladstone's article 'Kin beyond the sea'. He certainly had second thoughts about Whitman because next to the phrase (incorporated into *Ariel*) about 'Excelsior', originally he wrote: '¡Tiene en Walt Whitman el acento de los evangelistas!...Inmensa expansión de amor' (Archivo Rodó, armario 2, 3A 7, 20508).

14

But this was not, after all, Rodó's main point. For in *Ariel* the actual role of the U.S.A. in the American continent was less important than the quality of the reaction of Latin Americans, particularly the governing élite, to their northern neighbour. Rodó was urging the integrity of personality; like Tarde, he was concerned with social psychology, not trade statistics. Alberdi's *nordomanía* seemed to him reprehensible more because he considered it abject than because he thought the U.S.A. disgusting. And mere imitation of the 'hipnotizador audaz' of the north in a way that was 'unilateral' or 'somnambulant', as Rodó said, quoting Tarde, would mean the mutilation of personality and utter subservience to 'los fuertes', as they are meaningfully called, in the evolutionary process. Rodó was afraid that Latin America, far from being Ariel, might be becoming a 'deformed slave'.

Ariel was no more the symbol of the South than Caliban was of the North. Ariel was not a justification of superiority but the airy spirit who helped Prospero to inspire the ideal of a less stunted personality in the youth of Latin America. Rodó, in *Ariel*, occupies the second of the three positions described earlier and is closer to Martí than Darío. He is the prophet not of Latinity but of human emancipation. It is true that at times in *Ariel* he appears to assume that Americans living in the south of the continent do not possess the same sort of personality and human characteristics as those living in the north; but for the most part he could be addressing America as a whole. Little can be found in the essay about Latinity and still less about 'la América católica y española' or the brand of racialism advocated by Darío and Vasconcelos. In *Ariel* Rodó did not wish the Pope's authority on his compatriots; and if anything the Aryan element in his tersely avowed Latinity outweighed the Spanish: he uses the word 'Aryan' twice and does not mention Spain once. Indeed, the Spanish critic Juan Valera seized on this to support his contention

15

that Rodó exemplified a Latin American propensity for reviling Spanish ancestry in favour of foreign, Frenchified modes.[1] In short, Rodó was accused of renouncing his birthright as a Spanish American. Of course, Valera's interpretation is as unworthy of *Ariel* as that of the anti-Yankee party, and as irrelevant. As a judgement on Rodó, on the other hand, it is ironic. For what can be said of *Ariel* cannot always be said of Rodó's other work. Even before the Cuban war Rodó applauded the attempts the same Valera was making, in the *Cartas Americanas*, to strengthen the bonds of fraternity between Spain and America.[2] He justified this, as he justified his own attempts to extract from *Ariel* a racial sense of Hispanic American unity on other subsequent occasions,[3] in the prologue he put to the second edition of Carlos Arturo Torres's *Idola Fori*; this prologue came ten years after *Ariel* and was significantly entitled 'Rumbos nuevos'. Referring to the attitude to the U.S.A. among the Latin Americans to whom *Ariel* was addressed, Rodó wrote, with an overt shift of emphasis:

Pero el radical desacierto consistía, no tanto en la excesiva y candorosa idealización, ni en el ciego culto, que se tributaba por fe, por rendimiento de hipnotizado, más que por sereno y reflexivo examen y prolija elección, como en la vanidad de pensar que estas imitaciones absolutas, de pueblo a pueblo, de raza a raza, son cosa que cabe en lo natural y posible; que pueden emularse disposiciones heredadas y costumbres seculares, con planes y leyes: y finalmente que, aun siendo esto realizable, no habría abdicación ilícita, mortal renunciamiento, en desprenderse de la personalidad original y autónoma, dueña siempre de reformarse, pero no de descaracterizarse, para embeber y desvanecer el propio espíritu en el espíritu ajeno.[4]

[1] In a letter to *La Nación* (Buenos Aires), 10 October 1900, collected in Valera's *Obras completas* (Madrid, 1958), III, 580; Valera's reaction differed palpably from that of other Spaniards to whom Rodó sent *Ariel*: Rafael Altamira, Leopoldo Alas and Miguel de Unamuno.
[2] 'Menéndez Pelayo y nuestros poetas' (1896), *Obras completas*, p. 810.
[3] See, for example, 'La España niña' (1911), *ibid.* pp. 721–2, and 'El nuevo Ariel' (1914), *ibid.* pp. 1136–7.
[4] *Obras completas*, p. 500.

In the same prologue Rodó deplored the excessive way in which Spanish Americans rejected the traditions of their *madre patria* when they had achieved independence, and suggested that their bewilderment was due to a loss of 'el sentimiento de la raza'. In other words, he is less interested in the problem of personality, considered abstractly, than in what constitutes the personality of Latin Americans, or rather Spanish Americans, as he now meaningfully calls them, and moves away from the second towards the third of the positions outlined earlier.

These other publications of Rodó's, having a different bias from *Ariel*, serve to emphasize the real nature of that essay. *Ariel* is great precisely because it offered inspiration to Latin Americans without recourse to patriotic slogans. Its lack of jingoism is what distinguishes it from a host of works treating of Latin America's destiny which are now forgotten. Rodó, as Prospero, disclosed new horizons to his contemporaries by persuading them to examine their assumptions about themselves. This emancipation was reflected directly in the literature they produced. Only in this sense could Ariel ever be said to be the 'symbol' of Latin America.

A modern English or American reader of *Ariel* may well feel irritated by Rodó's way of dealing with abstract subjects in a style which has been described as masterly but which for us seems strangely elevated. We feel a lack of concrete engagement and may even wonder why a Latin American living in Rodó's time should appear so to isolate himself from the social and political problems of his day. When such issues were at stake, we ask unkindly, how could a young man of 28 choose to don a cloak of aged wisdom and preach about the attributes of a whole personality? This objection is all the stronger because the terms and authorities he used in his sermon cannot any longer be accepted uncritically. And at the same time of course, the factors with which he did not concern himself are the very

17

ones which have subsequently assumed great importance: the practical ways of controlling exploitation of Latin America and building up a new economic system, the problems of integrating Indian communities into larger societies, and the political hegemony of Latin America as a whole.

This kind of impatience on our part is not original and has salted criticism among Rodó's compatriots from at least the time of Rodó's death to the present day. In 1919 Alberto Lasplaces began the revisionary cry in one of his *Opiniones literarias*; in 1927 Héctor González Areosa (in a periodical entitled *Ariel*) firmly announced that for a new generation of Uruguayans Rodó was no longer 'una presencia activa en nuestra formación espiritual'. At about the same period Alberto Zum Felde said on many occasions that Rodó's concerns were those of a generation now past, and still in 1965 Carlos Maggi found it necessary to repeat: 'Siete llaves al sepulcro de Ariel y en marcha.'[1]

It appears that Rodó's ghost cannot easily be laid; and this is true not just nationally. For critics from other Latin American countries, however hostile to Rodó, have generally felt obliged to take him into account, and the impatience displayed by the shrillest among them is of a poor, if obsessive, kind. Luis Alberto Sánchez, for example, in *Balance y liquidación del 900* (1941) and other works, has repeatedly deplored Rodó's influence, taking him to task for recommending the cultivation of the spirit and a classical sense of ease to a subcontinent ridden with poverty and injustice, the prey of North American imperialism. Sánchez, who was also the author of a book entitled *¿Existe Latinoamérica?*, refused to recognize Rodó's right to address Latin America as a whole, since he had failed completely to understand its economic and social reality. As a product of a small, Indian-free, highly Europeanized state well to the

---

[1] *El Uruguay y su gente* (Montevideo, 1965), p. 20; González Areosa's phrase appeared in no. 37 of *Ariel. Revista del centro de estudiantes Ariel*, Montevideo.

south in the subcontinent, Rodó was accused of indifference[1] both to the problems of a region more properly described as Indo-America and to the violent conflicts of the Yankee-dominated Caribbean. Sánchez, as a political figure and member of the once left-wing party *APRA* (*Alianza popular revolucionaria americana*), himself fought actively for the cause of the Amerindians, and against North American dominion over America as a whole.

It may be fanciful to suggest that we are prepared to extend sympathy more readily to Sánchez than to Rodó because Sánchez cauterizes more cleanly the guilts of an imperialist tradition. But we should at least be aware of our motives if we choose to attack Rodó for not attacking imperialism in economic and social terms, when this is never what he pretended to do. In other words, although it must sound sanctimonious to say it, perhaps our very readiness to seize on side issues—be they aestheticism, Yankeephobia, Latin racialism or human geography—should encourage us to confront afresh the main body of a work which in its day penetrated the Latin American consciousness so deeply and so fruitfully, and which today is still widely regarded as one of the fundamental works of Latin American literature.

[1] For the injustice of this, see Pedro Henríquez Ureña, *Las corrientes literarias de la América hispánica* (Mexico, 1964), pp. 177, 193, and the sober objections to the 'mezcla de acierto y desenfoque' in Sánchez's attack in Carlos Real de Azúa's article 'El inventor del arielismo', *Marcha* (Montevideo), 20 June 1953.

19

NOTES ON THE PRESENT EDITION

The best edition of *Ariel* was the second, published by Dornaleche y Reyes, Montevideo, in September 1900, under Rodó's personal supervision. For this edition Rodó, who was a meticulous proof-reader, revised the first edition, which had appeared the previous February, and set a high standard of accuracy. The ninth edition (Librería Cervantes, Montevideo, 1911), the last to be published in Rodó's lifetime with his authorization, is the last to present a reliable text, despite the subsequent publication of several 'critical' editions. The text used here is that of the second edition. The few minor corrections that have been made either are the subject of a footnote or are of the following general kind. The dashes used sporadically to introduce a new sentence, and exclamation marks, have been excluded; 'alrededor' and 'dondequiera' are written as units, not two words; and, throughout, the spelling of foreign words and proper names not naturalized in Spanish has been corrected and intrusive Spanish acute accents ('Renán', etc.) have been removed. Four obvious misprints have been rectified. Six Roman numerals are intercalated between the sections of Prospero's speech; they correspond to divisions made originally by Rodó but first incorporated only in later editions. Otherwise the present text follows its model faithfully.

Rodó's lack of specificity about his sources has been compensated for neither by the works devoted to that subject which have appeared[1] nor by the industry of previous editors.[2] In this edition details are given, for the first time, of all but a dozen of the hundred or more re-

[1] See Clemente Pereda, *Rodó's Main Sources* (Puerto Rico, 1948) and Emir Rodríguez Monegal's review of this work in *Marcha*, 24 September 1948.
[2] Some of the information William F. Rice included in his edition of *Ariel* for the University of Chicago Junior College Series (1929) is helpful, however.

20

ferences and quotations in *Ariel*. This research was necessary because Rodó was not only unspecific but unscholarly as well. He used quotation marks regardless of whether he was quoting directly, or translating, or even paraphrasing. The details and original quotations given make it clear that Rodó occasionally misrepresented his source; but, more importantly perhaps, he can now be seen to be reliable where he is reliable. The research done on his 'materiales preparatorios' in the Archivo Rodó, Montevideo, reveals particularly the interested selection he made of a large amount of material collected on the U.S.A., and the great extent he drew on late nineteenth-century French writers as intermediary sources (greater than would otherwise be apparent from the final version of *Ariel*). Both these points are illustrated in the introduction and notes. A few footnotes have also been added on obscure points in the text which may not easily be explained by a dictionary or a small encyclopaedia.

No separate bibliography is given. The reader is referred to the books mentioned in the introduction, and to the excellent critical bibliography given by Emir Rodríguez Monegal in his edition of Rodó's works.

ARIEL

A la juventud de América.

Aquella tarde, el viejo y venerado maestro, a quien solían llamar Próspero, por alusión al sabio mago de *La Tempestad* shakespiriana, se despedía de sus jóvenes discípulos, pasado un año de tareas, congregándolos una vez más a su alrededor.

Ya habían llegado ellos a la amplia sala de estudio, en la que un gusto delicado y severo esmerábase por todas partes en honrar la noble presencia de los libros, fieles compañeros de Próspero. Dominaba en la sala — como numen de su ambiente sereno — un bronce primoroso, que figuraba al ARIEL de *La Tempestad*. Junto a este bronce se sentaba habitualmente el maestro, y por ello le llamaban con el nombre del mago a quien sirve y favorece en el drama el fantástico personaje que había interpretado el escultor. Quizá en su enseñanza y su carácter había, para el nombre, una razón y un sentido más profundos.

Ariel, genio del aire, representa, en el simbolismo de la obra de Shakespeare, la parte noble y alada del espíritu. Ariel es el imperio de la razón y el sentimiento sobre los bajos estímulos de la irracionalidad; es el entusiasmo generoso, el móvil alto y desinteresado en la acción, la espiritualidad de la cultura, la vivacidad y la gracia de la inteligencia, — el término ideal a que asciende la selección humana, rectificando en el hombre superior los tenaces vestigios de Calibán, símbolo de sensualidad y de torpeza, con el cincel perseverante de la vida.

La estatua, de real arte, reproducía al genio aéreo en el instante en que, libertado por la magia de Próspero, va a lanzarse a los aires para desvanecerse en un lampo. Desplegadas las alas; suelta y flotante la leve vestidura, que la caricia de la luz en el bronce damasquinaba de oro;

erguida la amplia frente; entreabiertos los labios por serena sonrisa, todo en la actitud de Ariel acusaba admirablemente el gracioso arranque del vuelo; y con inspiración dichosa, el arte que había dado firmeza escultural a su imagen, había acertado a conservar en ella, al mismo tiempo, la apariencia seráfica y la levedad ideal.

Próspero acarició, meditando, la frente de la estatua; dispuso luego al grupo juvenil en torno suyo; y con su firme voz, — voz *magistral*, que tenía para fijar la idea e insinuarse en las profundidades del espíritu, bien la esclarecedora penetración del rayo de luz, bien el golpe incisivo del cincel en el mármol, bien el toque impregnante del pincel en el lienzo o de la onda en la arena, — comenzó a decir, frente a una atención afectuosa:

I

Junto a la estatua que habéis visto presidir, cada tarde, nuestros coloquios de amigos, en los que he procurado despojar a la enseñanza de toda ingrata austeridad, voy a hablaros de nuevo, para que sea nuestra despedida como el sello estampado en un convenio de sentimientos y de ideas.

Invoco a ARIEL como mi numen. Quisiera ahora para mi palabra la más suave y persuasiva unción que ella haya tenido jamás. Pienso que hablar a la juventud sobre nobles y elevados motivos, cualesquiera que sean, es un género de oratoria sagrada. Pienso también que el espíritu de la juventud es un terreno generoso donde la simiente de una palabra oportuna suele rendir, en corto tiempo, los frutos de una inmortal vegetación.

Anhelo colaborar en una página del programa que, al prepararos a respirar el aire libre de la acción, formularéis, sin duda, en la intimidad de vuestro espíritu, para ceñir a él vuestra personalidad moral y vuestro esfuerzo. Este programa propio, — que algunas veces se formula y escribe; que se reserva otras para ser revelado en el mismo transcurso de la acción, — no falta nunca en el espíritu de las agrupaciones y los pueblos que son algo más que muchedumbres. Si con relación a la escuela de la voluntad individual, pudo Goethe decir profundamente que sólo es digno de la libertad y la vida quien es capaz de conquistarlas día a día para sí,[1] con tanta más razón podría decirse que el honor de cada generación humana exige que ella se conquiste, por la perseverante actividad de su pensamiento, por el esfuerzo propio, su fe en determinada manifestación del ideal y su puesto en la evolución de las ideas.

Al conquistar los vuestros, debéis empezar por reconocer un primer objeto de fe, en vosotros mismos. La juventud que vivís es una fuerza de cuya aplicación sois los obreros y un tesoro de cuya inversión sois responsables. Amad ese tesoro y esa fuerza; haced que el altivo sentimiento de su posesión permanezca ardiente y eficaz en vosotros. Yo os digo con Renan: 'La juventud es el descubrimiento de un horizonte inmenso, que es la Vida.' El descubrimiento que revela las tierras ignoradas necesita completarse por el esfuerzo viril que las sojuzga. Y ningún otro espectáculo puede imaginarse más propio para cautivar a un tiempo el interés del pensador y el entusiasmo del artista, que el que presenta una generación humana que marcha al encuentro del futuro, vibrante con la impaciencia de la acción, alta la frente, en la sonrisa un altanero desdén del desengaño, colmada el alma por dulces y remotos mirajes que derraman en ella misteriosos estímulos, como las visiones de Cipango y El Dorado en las crónicas heroicas de los conquistadores.

Del renacer de las esperanzas humanas; de las promesas que fían eternamente al porvenir la realidad de lo mejor, adquiere su belleza el alma que se entreabre al soplo de la vida; dulce e inefable belleza, compuesta, como lo estaba la del amanecer para el poeta de *Las Contemplaciones*, de un 'vestigio de sueño y un principio de pensamiento.'

La humanidad, renovando de generación en generación su activa esperanza y su ansiosa fe en un ideal, al través de la dura experiencia de los siglos, hacía pensar a Guyau en la

[1] FAUST. Nur der verdient sich Freiheit wie das Leben,
Der täglich sie erobern muß! (*Faust*, pt. 2, Act v)

24

obsesión de aquella pobre enajenada cuya extraña y conmovedora locura consistía en creer llegado, constantemente, el día de sus bodas. Juguete de su ensueño, ella ceñía cada mañana a su frente pálida la corona de desposada y suspendía de su cabeza el velo nupcial. Con una dulce sonrisa, disponíase luego a recibir al prometido ilusorio, hasta que las sombras de la tarde, tras el vano esperar, traían la decepción a su alma. Entonces, tomaba un melancólico tinte su locura. Pero su ingenua confianza reaparecía con la aurora siguiente; y ya sin el recuerdo del desencanto pasado, murmurando: *Es hoy cuando vendrá*, volvía a ceñirse la corona y el velo y a sonreír en espera del prometido.

Es así como, no bien la eficacia de un ideal ha muerto, la humanidad viste otra vez sus galas nupciales para esperar la realidad del ideal soñado con nueva fe, con tenaz y conmovedora locura. Provocar esa renovación, inalterable como un ritmo de la Naturaleza, es en todos los tiempos la función y la obra de la juventud. De las almas de cada primavera humana está tejido aquel tocado de novia. Cuando se trata de sofocar esta sublime terquedad de la esperanza, que brota alada del seno de la decepción, todos los pesimismos son vanos. Lo mismo los que se fundan en la razón que los que parten de la experiencia, han de reconocerse inútiles para contrastar el altanero *no importa* que surge del fondo de la Vida. Hay veces en que, por una aparente alteración del ritmo triunfal, cruzan la historia humana generaciones destinadas a personificar, desde la cuna, la vacilación y el desaliento. Pero ellas pasan, — no sin haber tenido quizá su ideal como las otras, en forma negativa y con amor inconsciente; — y de nuevo se ilumina en el espíritu de la humanidad la esperanza en el Esposo anhelado; cuya imagen, dulce y radiosa como en los versos de marfil de los místicos, basta para mantener la animación y el contento de la vida, aun cuando nunca haya de encarnarse en la realidad.

La juventud, que así significa en el alma de los individuos

y la de las generaciones, luz, amor, energía, existe y lo significa también en el proceso evolutivo de las sociedades. De los pueblos que sienten y consideran la vida como vosotros, serán siempre la fecundidad, la fuerza, el dominio del porvenir. Hubo una vez en que los atributos de la juventud humana se hicieron, más que en ninguna otra, los atributos de un pueblo, los caracteres de una civilización, y en que un soplo de adolescencia encantadora pasó rozando la frente serena de una raza. Cuando Grecia nació, los dioses le regalaron el secreto de su juventud inextinguible. Grecia es el alma joven. 'Aquel que en Delfos contempla la apiñada muchedumbre de los jonios — dice uno de los himnos homéricos — se imagina que ellos no han de envejecer jamás.'[1] Grecia hizo grandes cosas porque tuvo, de la juventud, la alegría, que es el ambiente de la acción, y el entusiasmo, que es la palanca omnipotente. El sacerdote egipcio[2] con quien Solón habló en el templo de Sais, decía al legislador ateniense, compadeciendo a los griegos por su volubilidad bulliciosa: *¡No sois sino unos niños!* Y Michelet ha comparado la actividad del alma helena con un festivo juego a cuyo alrededor se agrupan y sonríen todas las naciones del mundo.[3] Pero de aquel divino juego de niños sobre las playas del Archipiélago y a la sombra de los olivos de Jonia, nacieron el arte, la filosofía, el pensamiento libre, la curiosidad de la investigación, la conciencia de la dignidad humana, todos esos estímulos de Dios que son aún nuestra inspiración y nuestro orgullo. Absorto en su austeridad hierática, el país del sacerdote representaba, en tanto, la senectud, que se concentra para ensayar el reposo de la eternidad y aleja, con desdeñosa mano, todo frívolo sueño. La gracia, la inquietud, están proscriptas de las actitudes de su alma, como del gesto de sus imágenes la vida. Y cuando

---

[1] φαίη κ'ἀθανάτους καὶ ἀγήρως ἔμμεναι αἰεί, / ὅς τόθ' ὑπαντιάσει, ὅτ' Ἰάονες ἀθρόοι εἶεν' (*To Delian Apollo*, ll. 151–2). Rodó is evidently confusing Delos with Delphi.

[2] Sonchis.

[3] Jules Michelet, *Bible de l'humanité* (Paris, 1864), ch. III ('La Grèce'), especially p. 212.

la posteridad vuelve las miradas a él, sólo encuentra una estéril noción del orden presidiendo al desenvolvimiento de una civilización que vivió para tejerse un sudario y para edificar sus sepulcros: la sombra de un compás tendiéndose sobre la esterilidad de la arena.

Las prendas del espíritu joven, — el entusiasmo y la esperanza, — corresponden en las armonías de la historia y la naturaleza, al movimiento y a la luz. Adondequiera que volváis los ojos, las encontraréis como el ambiente natural de todas las cosas fuertes y hermosas. Levantadlos al ejemplo más alto: – La idea cristiana, sobre la que aún se hace pesar la acusación de haber entristecido la tierra proscribiendo la alegría del paganismo, es una inspiración esencialmente juvenil mientras no se aleja de su cuna. El cristianismo naciente es en la interpretación — que yo creo tanto más verdadera cuanto más poética — de Renan, un cuadro de juventud inmarcesible. De juventud del alma, o, lo que es lo mismo, de un vivo sueño, de gracia, de candor, se compone el aroma divino que flota sobre las lentas jornadas del Maestro al través de los campos de Galilea; sobre sus prédicas, que se desenvuelven ajenas a toda penitente gravedad; junto a un lago celeste; en los valles abrumados de frutos; escuchadas por 'las aves del cielo' y 'los lirios de los campos', con que se adornan las parábolas; propagando la alegría del 'reino de Dios' sobre una dulce sonrisa de la Naturaleza.[1] De este cuadro dichoso, están ausentes los ascetas que acompañaban en la soledad las penitencias del Bautista.[2] Cuando Jesús habla de los que a él le siguen, los compara a los paraninfos de un cortejo de bodas. Y es la impresión de aquel divino contento la que incorporándose a la esencia de la nueva fe, se siente persistir al través de la Odisea de los evangelistas; la que derrama en el espíritu de las primeras comunidades cristianas su

[1] See Ernest Renan, *Vie de Jésus* (22nd ed. Paris, 1893), ch. x: 'Prédications du lac'; especially pp. 172–4 and p. 184: '. . . le souvenir de la vie libre de Galilée a été comme le parfum d'un autre monde, qui a empêché la sécheresse et la vulgarité d'envahir entièrement le champ de Dieu'.
[2] I.e. John the Baptist.

felicidad candorosa, su ingenua alegría de vivir; y la que, al llegar a Roma con los ignorados cristianos del Transtevere, les abre fácil paso en los corazones; porque ellos triunfaron oponiendo el encanto de su juventud interior — la de su alma embalsamada por la libación del vino nuevo — a la severidad de los estoicos y a la decrepitud de los mundanos.

Sed, pues, conscientes poseedores de la fuerza bendita que lleváis dentro de vosotros mismos. No creáis, sin embargo, que ella esté exenta de malograrse y desvanecerse, como un impulso sin objeto, en la realidad. De la Naturaleza es la dádiva del precioso tesoro; pero es de las ideas, que él sea fecundo, o se prodigue vanamente, o fraccionado y disperso en las conciencias personales, no se manifieste en la vida de las sociedades humanas como una fuerza bienhechora. Un escritor sagaz rastreaba, ha poco, en las páginas de la novela de nuestro siglo, — esa inmensa superficie especular donde se refleja toda entera la imagen de la vida en los últimos vertiginosos cien años, — la psicología, los estados de alma de la juventud, tales como ellos han sido en las generaciones que van desde los días de René hasta los que han visto pasar a Des Esseintes.[1] Su análisis comprobaba una progresiva disminución de *juventud interior* y de energía, en la serie de personajes representativos que se inicia con los héroes, enfermos, pero a menudo viriles y siempre intensos de pasión, de los románticos, y termina con los enervados de voluntad y corazón en quienes se reflejan tan desconsoladoras manifestaciones del espíritu de nuestro tiempo como la del protagonista de *A rebours* o la del Robert Greslou de *Le disciple*.[2] Pero comprobaba el análisis, también, un lisonjero renacimiento de animación y de esperanza en la psicología de la juventud de que suele

[1] The heroes of Chateaubriand's *René* (1802) and Huysmans's *A rebours* (1884) respectively.
[2] By Paul Bourget; first published 1889. In his prologue to the 1910 edition of this book, which moralizes at the expense of its unfortunate hero, T. de Wyzewa claimed it had inspired a new idealism in him and his generation.

hablarnos una literatura que es quizá nuncio de transformaciones más hondas; renacimiento que personifican los héroes nuevos de Lemaître, de Wizewa, de Rod,[1] y cuya más cumplida representación lo sería tal vez el *David Grieve* con que cierta novelista inglesa contemporánea[2] ha resumido en un solo carácter todas las penas y todas las inquietudes ideales de varias generaciones, para solucionarlas en un supremo desenlace de serenidad y de amor.

¿Madurará en la realidad esa esperanza? Vosotros, los que vais a pasar, como el obrero en marcha a los talleres que le esperan, bajo el pórtico del nuevo siglo, ¿reflejaréis quizá sobre el arte que os estudie imágenes más luminosas y triunfales que las que han quedado de nosotros? Si los tiempos divinos en que las almas jóvenes daban modelos para los dialoguistas radiantes de Platón sólo fueron posibles en una breve primavera del mundo; si es fuerza 'no pensar en los dioses',[3] como aconseja la Forquias del segundo *Fausto* al coro de cautivas; ¿no nos será lícito, a lo menos, soñar con la aparición de generaciones humanas que devuelvan a la vida un sentido ideal, un grande entusiasmo; en las que sea un poder el sentimiento; en las que una vigorosa resurrección de las energías de la voluntad ahuyente, con heroico clamor, del fondo de las almas, todas las cobardías morales que se nutren a los pechos de la decepción y de la duda? ¿Será de nuevo la juventud una realidad de la vida colectiva, como lo es de la vida individual?

Tal es la pregunta que me inquieta mirándoos. Vuestras primeras páginas, las confesiones que nos habéis hecho

[1] Jules Lemaître, Téodor de Wyzewa and Édouard Rod. This is an odd assortment because Lemaître was more important as a critic than a novelist, and Wyzewa and Rod, both minor writers, were considered to be frivolous and ironic at that time. Rodó may well have thought of their names after reading Bérenger (see p. 66 below): ch. 2 of *L'aristocratie intellectuelle*, which is entitled 'Le nouvel idéalisme', contains references to them as well as to *Le disciple* and *A rebours*, and to several other writers quoted by Rodó (Fouillée, Guyau and the Ibsen of *An enemy of the people*, for example).

[2] Mrs Humphrey Ward, *The History of David Grieve* (London, 1892).

[3] PHORKYAS. Eurer Götter alt Gemenge,
   Laßt es hin, es ist vorbei.   (*Faust*, pt. 2, Act III)

hasta ahora de vuestro mundo íntimo, hablan de indecisión y de estupor a menudo; nunca de enervación, ni de un definitivo quebranto de la voluntad. Yo sé bien que el entusiasmo es una surgente viva en vosotros. Yo sé bien que las notas de desaliento y de dolor que la absoluta sinceridad del pensamiento — virtud todavía más grande que la esperanza — ha podido hacer brotar de las torturas de vuestra meditación, en las tristes e inevitables citas de la Duda, no eran indicio de un estado de alma permanente ni significaron en ningún caso vuestra desconfianza respecto de la eterna virtualidad de la Vida. Cuando un grito de angustia ha ascendido del fondo de vuestro corazón, no lo habéis sofocado antes de pasar por vuestros labios, con la austera y muda altivez del estoico en el suplicio, pero lo habéis terminado con una invocación al ideal *que vendrá*,[1] con una nota de esperanza mesiánica.

Por lo demás, al hablaros del entusiasmo y la esperanza, como de altas y fecundas virtudes, no es mi propósito enseñaros a trazar la línena infranqueable que separe el escepticismo de la fe, la decepción de la alegría. Nada más lejos de mi ánimo que la idea de confundir con los atributos naturales de la juventud, con la graciosa espontaneidad de su alma, esa indolente frivolidad del pensamiento, que, incapaz de ver más que el motivo de un juego en la actividad, compra el amor y el contento de la vida al precio de su incomunicación con todo lo que pueda hacer detener el paso ante la faz misteriosa y grave de las cosas. No es ése el noble significado de la juventud individual, ni ése tampoco el de la juventud de los pueblos. Yo he conceptuado siempre vano el propósito de los que constituyéndose en avizores vigías del destino de América, en custodios de su tranquilidad, quisieran sofocar, con temeroso recelo, antes de que llegase a nosotros, cualquiera resonancia del humano dolor, cualquier eco venido de literaturas extrañas, que, por triste o insano, ponga en peligro la fragilidad de su

---

[1] Part 1 of Rodó's series *La vida nueva* included an essay entitled *El que vendrá* (1896).

optimismo. Ninguna firme educación de la inteligencia puede fundarse en el aislamiento candoroso o en la ignorancia voluntaria. Todo problema propuesto al pensamiento humano por la Duda; toda sincera reconvención que sobre Dios o la Naturaleza se fulmine, del seno del desaliento y el dolor, tienen derecho a que les dejemos llegar a nuestra conciencia y a que los afrontemos. Nuestra fuerza de corazón ha de probarse aceptando el reto de la Esfinge, y no esquivando su interrogación formidable. No olvidéis, además, que en ciertas amarguras del pensamiento hay, como en sus alegrías, la posibilidad de encontrar un punto de partida para la acción, hay a menudo sugestiones fecundas. Cuando el dolor enerva; cuando el dolor es la irresistible pendiente que conduce al marasmo o el consejero pérfido que mueve a la abdicación de la voluntad, la filosofía que le lleva en sus entrañas es cosa indigna de almas jóvenes. Puede entonces el poeta[1] calificarle de 'indolente soldado que milita bajo las banderas de la muerte'. Pero cuando lo que nace del seno del dolor es el anhelo varonil de la lucha para conquistar o recobrar el bien que él nos niega, entonces es un acerado acicate de la evolución, es el más poderoso impulso de la vida; no de otro modo que como el hastío, para Helvecio, llega a ser la mayor y más preciosa de todas las prerrogativas humanas, desde el momento en que, impidiendo enervarse nuestra sensibilidad en los adormecimientos del ocio, se convierte en el vigilante estímulo de la acción.[2]

En tal sentido, se ha dicho bien que hay pesimismos que tienen la significación de un *optimismo paradójico*. Muy lejos de suponer la renuncia y la condenación de la existencia, ellos propagan, con su descontento de lo actual, la necesidad de renovarla. Lo que a la humanidad importa salvar contra toda negación pesimista, es, no tanto la idea

---

[1] José Joaquín de Olmedo, 'En la muerte de Da. María A. de Borbón' (1807), ll. 112–13: 'Soldados indolentes, que militan / bajo el pendón sombrío de la muerte.'

[2] This is something of an exaggeration of a passage in Helvétius's *De l'esprit* (1758), Discours III, ch. v: 'Des forces qui agissent sur notre âme.'

de la relativa bondad de lo presente, sino de la posibilidad de llegar a un término mejor por el desenvolvimiento de la vida, apresurado y orientado mediante el esfuerzo de los hombres. La fe en el porvenir, la confianza en la eficacia del esfuerzo humano, son el antecedente necesario de toda acción enérgica y de todo propósito fecundo. Tal es la razón por la que he querido comenzar encareciéndoos la inmortal excelencia de esa fe que, siendo en la juventud un instinto, no debe necesitar seros impuesta por ninguna enseñanza, puesto que la encontraréis indefectiblemente dejando actuar en el fondo de vuestro ser la sugestión divina de la Naturaleza.

Animados por ese sentimiento, entrad, pues, a la vida, que os abre sus hondos horizontes, con la noble ambición de hacer sentir vuestra presencia en ella desde el momento en que la afrontéis con la altiva mirada del conquistador. Toca al espíritu juvenil la iniciativa audaz, la genialidad innovadora. Quizá universalmente, hoy, la acción y la influencia de la juventud son en la marcha de las sociedades humanas menos efectivas e intensas que debieran ser. Gaston Deschamps[1] lo hacía notar en Francia, hace poco, comentando la iniciación tardía de las jóvenes generaciones, en la vida pública y la cultura de aquel pueblo, y la escasa originalidad con que ellas contribuyen al trazado de las ideas dominantes. Mis impresiones del presente de América, en cuanto ellas pueden tener un carácter general a pesar del doloroso aislamiento en que viven los pueblos que la componen, justificarían acaso una observación parecida. Y sin embargo, yo creo ver expresada en todas partes la necesidad de una activa revelación de fuerzas nuevas; yo creo que América necesita grandemente de su juventud. He ahí por qué os hablo. He ahí por qué me interesa extraordinariamente la orientación moral de vuestro espíritu. La energía de vuestra palabra y vuestro ejemplo puede llegar

[1] Rodó is possibly referring to the *Avant-propos* in the second series (1895) of his articles collected from *Le Temps* and to an article in that collection entitled 'Confessions d'un jeune homme'.

hasta incorporar las fuerzas vivas del pasado a la obra del futuro. Pienso con Michelet[1] que el verdadero concepto de la educación no abarca sólo la cultura del espíritu de los hijos por la experiencia de los padres, sino también, y con frecuencia mucho más, la del espíritu de los padres por la inspiración innovadora de los hijos.

Hablemos, pues, de cómo consideraréis la vida que os espera.

II

La divergencia de las vocaciones personales imprimirá diversos sentidos a vuestra actividad, y hará predominar una disposición, una aptitud determinada, en el espíritu de cada uno de vosotros. Los unos seréis hombres de ciencia; los otros seréis hombres de arte; los otros seréis hombres de acción. Pero por encima de los afectos que hayan de vincularos individualmente a distintas aplicaciones y distintos modos de la vida, debe velar, en lo íntimo de vuestra alma, la conciencia de la unidad fundamental de nuestra naturaleza, que exige que cada individuo humano sea, ante todo y sobre toda otra cosa, un ejemplar no mutilado de la humanidad, en el que ninguna noble facultad del espíritu quede obliterada y ningún alto interés de todos pierda su virtud comunicativa. Antes que las modificaciones de profesión y de cultura está el cumplimiento del destino común de los seres racionales. 'Hay una profesión universal, que es la de *hombre*', ha dicho admirablemente Guyau. Y Renan, recordando, a propósito de las civilizaciones desequilibradas y parciales, que el fin de la criatura humana no puede ser exclusivamente saber, ni sentir, ni imaginar, sino ser real y enteramente *humana*, define el ideal de perfección a que ella debe encaminar sus energías como la posibilidad de ofrecer en un tipo individual un cuadro abreviado de la especie.

[1] See Jules Michelet, *Le peuple* (Paris, 1846), pt. 3, ch. VIII ('Nulle éducation sans la foi'): 'L'enfant est nécessaire à l'homme. Nous lui donnons moins encore que nous ne recevons de lui.'

Aspirad, pues, a desarrollar en lo posible, no un solo aspecto, sino la plenitud de vuestro ser. No os encojáis de hombros delante de ninguna noble y fecunda manifestación de la naturaleza humana, a pretexto de que vuestra organización individual os liga con preferencia a manifestaciones diferentes. Sed espectadores atenciosos[1] allí donde no podáis ser actores. Cuando cierto falsísimo y vulgarizado concepto de la educación, que la imagina subordinada exclusivamente al fin utilitario, se empeña en mutilar, por medio de ese utilitarismo y de una especialización prematura, la integridad natural de los espíritus, y anhela proscribir de la enseñanza todo elemento desinteresado e ideal, no repara suficientemente en el peligro de preparar para el porvenir espíritus estrechos, que, incapaces de considerar más que el único aspecto de la realidad con que estén inmediatamente en contacto, vivirán separados por helados desiertos de los espíritus que, dentro de la misma sociedad, se hayan adherido a otras manifestaciones de la vida.

Lo necesario de la consagración particular de cada uno de nosotros a una actividad determinada, a un solo modo de cultura, no excluye, ciertamente, la tendencia a realizar, por la íntima armonía del espíritu, el destino común de los seres racionales. Esa actividad, esa cultura, serán sólo la nota fundamental de la armonía. El verso célebre en que el esclavo de la escena antigua afirmó que, pues era hombre, no le era ajeno nada de lo humano,[2] forma parte de los gritos que, por su sentido inagotable, resonarán eternamente en la conciencia de la humanidad. Nuestra capacidad de comprender, sólo debe tener por límite la imposibilidad de comprender a los espíritus estrechos. Ser incapaz de ver de la Naturaleza más que una faz; de las ideas e intereses humanos más que uno solo, equivale a vivir envuelto en una sombra de sueño horadada por un solo rayo de luz. La

[1] The normal Spanish is 'atentos'.
[2] 'Homo sum, humani nil a me alienum puto' (Terence, *Heauton Timorumenos*, i, i, 25).

34

intolerancia, el exclusivismo, que cuando nacen de la tiránica absorción de un alto entusiasmo, del desborde de un desinteresado propósito ideal, pueden merecer justificación, y aún simpatía, se convierten en la más abominable de las inferioridades cuando, en el círculo de la vida vulgar, manifiestan la limitación de un cerebro incapacitado para reflejar más que una parcial apariencia de las cosas.

Por desdicha, es en los tiempos y las civilizaciones que han alcanzado una completa y refinada cultura donde el peligro de esa limitación de los espíritus tiene una importancia más real y conduce a resultados más temibles. Quiere, en efecto, la ley de evolución, manifestándose en la sociedad como en la naturaleza por una creciente tendencia a la heterogeneidad, que, a medida que la cultura general de las sociedades avanza, se limite correlativamente la extensión de las aptitudes individuales y haya de ceñirse el campo de acción de cada uno a una especialidad más restringida. Sin dejar de constituir una condición necesaria de progreso, ese desenvolvimiento del espíritu de especialización trae consigo desventajas visibles, que no se limitan a estrechar el horizonte de cada inteligencia, falseando necesariamente su concepto del mundo, sino que alcanzan y perjudican, por la dispersión de las afecciones y los hábitos individuales, al sentimiento de la solidaridad. Augusto Comte ha señalado bien este peligro de las civilizaciones avanzadas. Un alto estado de perfeccionamiento social tiene para él un grave inconveniente en la facilidad con que suscita la aparición de espíritus deformados y estrechos; de espíritus 'muy capaces bajo un aspecto único y monstruosamente ineptos bajo todos los otros'. El empequeñecimiento de un cerebro humano por el comercio continuo de un solo género de ideas, por el ejercicio indefinido de un solo modo de actividad, es para Comte un resultado comparable a la mísera suerte del obrero a quien la división del trabajo de taller obliga a consumir en la invariable operación de un detalle mecánico todas las energías de su vida. En uno y otro caso, el efecto moral es inspirar una desastrosa indiferencia por el aspecto general de los intereses de la humanidad. Y aunque esta especie de automatismo humano — agrega el pensador positivista — no constituye felizmente sino la extrema influencia dispersiva del principio de especialización, su realidad, ya muy frecuente, exige que se atribuya a su apreciación una verdadera importancia.[1]

No menos que a la solidez, daña esa influencia dispersiva a la *estética* de la estructura social. La belleza incomparable de Atenas, lo imperecedero del modelo legado por sus manos de diosa a la admiración y el encanto de la humanidad, nacen de que aquella ciudad de prodigios fundó su concepción de la vida en el concierto de todas las facultades humanas, en la libre y acordada expansión de todas las energías capaces de contribuir a la gloria y al poder de los hombres. Atenas supo engrandecer a la vez el sentido de lo ideal y el de lo real, la razón y el instinto, las fuerzas del espíritu y las del cuerpo. Cinceló las cuatro faces del alma. Cada ateniense libre describe en derredor de sí, para contener su acción, un círculo perfecto, en el que ningún desordenado impulso quebrantará la graciosa proporción de la línea. Es atleta y escultura viviente en el gimnasio, ciudadano en el Pnix, polemista y pensador en los pórticos. Ejercita su voluntad en toda suerte de acción viril y su pensamiento en toda preocupación fecunda. Por eso afirma Macaulay que un día de la vida pública del Ática es más brillante programa de enseñanza que los que hoy calculamos para nuestros modernos centros de instrucción.

[1] A. Comte: *Cours de philosophie positive*, t. IV, p. 430, 2a. edición [Rodó's note]. In fact most of this paragraph is a very free translation of pp. 429–30 of the edition cited (Paris, 1870); viz.: 'La première cause élémentaire de l'essor graduel de l'habileté humaine paraît destinée à produire ces esprits très-capables sous un rapport unique et monstrueusement ineptes sous tous les autres aspects . . . L'effet moral, c'est de tendre . . . à inspirer une désastreuse indifférence pour le cours général des affaires humaines . . . Quoique cette sorte d'automatisme humain ne constitue heureusement que l'extrême influence dispersive du principe de la spécialisation, sa réalisation, déjà trop fréquente, et d'ailleurs de plus en plus imminente, doit faire attacher à l'appréciation d'un tel cas une véritable importance scientifique.'

Y de aquel libre y único florecimiento de la plenitud de nuestra naturaleza, surgió el *milagro griego*, — una inimitable y encantadora mezcla de animación y de serenidad, una primavera del espíritu humano, una sonrisa de la historia.

En nuestros tiempos, la creciente complejidad de nuestra civilización privaría de toda seriedad al pensamiento de restaurar esa armonía, sólo posible entre los elementos de una graciosa sencillez. Pero dentro de la misma complejidad de nuestra cultura; dentro de la diferenciación progresiva de caracteres, de aptitudes, de méritos, que es la ineludible consecuencia del progreso en el desenvolvimiento social, cabe salvar una razonable participación de todos en ciertas ideas y sentimientos fundamentales que mantengan la unidad y el concierto de la vida, — en ciertos *intereses del alma*, ante los cuales la dignidad del ser racional no consiente la indiferencia de ninguno de nosotros.

Cuando el sentido de la utilidad material y el bienestar, domina en el carácter de las sociedades humanas con la energía que tiene en lo presente, los resultados del espíritu estrecho y la cultura unilateral son particularmente funestos a la difusión de aquellas preocupaciones puramente ideales que, siendo objeto de amor para quienes les consagran las energías más nobles y perseverantes de su vida, se convierten en una remota, y quizá no sospechada, región, para una inmensa parte de los otros. Todo género de meditación desinteresada, de contemplación ideal, de tregua íntima, en la que los diarios afanes por la utilidad cedan transitoriamente su imperio a una mirada noble y serena tendida de lo alto de la razón sobre las cosas, permanece ignorado, en el estado actual de las sociedades humanas, para millones de almas civilizadas y cultas, a quienes la influencia de la educación o la costumbre reduce al automatismo de una actividad, en definitiva, material. Y bien: este género de servidumbre debe considerarse la más triste y oprobiosa de todas las condenaciones morales. Yo os ruego que os defendáis, en la milicia de la vida, contra la mutilación de vuestro espíritu por la tiranía de un objetivo único e interesado. No entreguéis nunca a la utilidad o a la pasión, sino una parte de vosotros. Aun dentro de la esclavitud material, hay la posibilidad de salvar la libertad interior: la de la razón y el sentimiento. No tratéis, pues, de justificar, por la absorción del trabajo o el combate, la esclavitud de vuestro espíritu.

Encuentro el símbolo de lo que debe ser nuestra alma en un cuento que evoco de un empolvado rincón de mi memoria. Era un rey patriarcal, en el Oriente indeterminado e ingenuo donde gusta hacer nido la alegre bandada de los cuentos. Vivía su reino la candorosa infancia de las tiendas de Ismael y los palacios de Pilos. La tradición le llamó después, en la memoria de los hombres, el rey hospitalario. Inmensa era la piedad del rey. A desvanecerse en ella tendía, como por su propio peso, toda desventura. A su hospitalidad acudían lo mismo por blanco pan el miserable que el alma desolada por el bálsamo de la palabra que acaricia. Su corazón reflejaba, como sensible placa sonora, el ritmo de los otros. Su palacio era la casa del pueblo. Todo era libertad y animación dentro de este augusto recinto, cuya entrada nunca hubo guardas que vedasen. En los abiertos pórticos, formaban corro los pastores cuando consagraban a rústicos conciertos sus ocios; platicaban al caer la tarde los ancianos; y frescos grupos de mujeres disponían, sobre trenzados juncos, las flores y los racimos de que se componía únicamente el diezmo real. Mercaderes de Ofír, buhoneros de Damasco, cruzaban a toda hora las puertas anchurosas, y ostentaban en competencia, ante las miradas del rey, las telas, las joyas, los perfumes. Junto a su trono reposaban los abrumados peregrinos. Los pájaros se citaban al mediodía para recoger las migajas de su mesa; y con el alba, los niños llegaban en bandas bulliciosas al pie del lecho en que dormía el rey de barba de plata y le anunciaban la presencia del sol. Lo mismo a los seres sin ventura que a las cosas sin alma alcanzaba su liberalidad infinita. La Naturaleza sentía también la atracción de su

38

llamado generoso; vientos, aves y plantas parecían buscar, — como en el mito de Orfeo y en la leyenda de San Francisco de Asís, — la amistad humana en aquel oasis de hospitalidad. Del germen caído al acaso, brotaban y florecían, en las junturas de los pavimentos y los muros, los alhelíes de las ruinas, sin que una mano cruel los arrancase ni los hollara un pie maligno. Por las francas ventanas se tendían al interior de las cámaras del rey las enredaderas osadas y curiosas. Los fatigados vientos abandonaban largamente sobre el alcázar real su carga de aromas y armonías. Empinándose desde el vecino mar, como si quisieran ceñirle en un abrazo, le salpicaban las olas con su espuma. Y una libertad paradisial,[1] una inmensa reciprocidad de confianzas, mantenían por dondequiera la animación de una fiesta inextinguible . . .

Pero dentro, muy dentro; aislada del alcázar ruidoso por cubiertos canales; oculta a la mirada vulgar — como la 'perdida iglesia'[2] de Uhland en lo esquivo del bosque — al cabo de ignorados senderos, una misteriosa sala se extendía, en la que a nadie era lícito poner la planta, sino al mismo rey, cuya hospitalidad se trocaba en sus umbrales en la apariencia de ascético egoísmo. Espesos muros la rodeaban. Ni un eco del bullicio exterior, ni una nota escapada al concierto de la Naturaleza, ni una palabra desprendida de labios de los hombres, lograban traspasar el espesor de los sillares de pórfido y conmover una onda del aire en la prohibida estancia. Religioso silencio velaba en ella la castidad del aire dormido. La luz, que tamizaban esmaltadas vidrieras, llegaba lánguida, medido el paso por una inalterable igualdad, y se diluía, como copo de nieve que invade un nido tibio, en la calma de un ambiente celeste. Nunca reinó tan honda paz; ni en oceánica gruta, ni en soledad nemorosa. Alguna vez, — cuando la noche era diáfana y tranquila, — abriéndose a modo de dos valvas de nácar la artesonada techumbre, dejaba cernerse en su lugar

---

[1] The normal Spanish is 'paradisíaco'.
[2] Of the poem 'Die verlorene Kirche' (1812).

la magnificencia de las sombras serenas. En el ambiente flotaba como una onda indisipable la casta esencia del nenúfar, el perfume sugeridor del adormecimiento penseroso y de la contemplación del propio ser. Graves cariátides custodiaban las puertas de marfil en la actitud del silenciario. En los testeros, esculpidas imágenes hablaban de idealidad, de ensimismamiento, de reposo . . . Y el viejo rey aseguraba que, aun cuando a nadie fuera dado acompañarle hasta allí, su hospitalidad seguía siendo en el misterioso seguro tan generosa y grande como siempre, sólo que los que él congregaba dentro de sus muros discretos eran convidados impalpables y huéspedes sutiles. En él soñaba, en él se libertaba de la realidad, el rey legendario; en él sus miradas se volvían a lo interior y se bruñían en la meditación sus pensamientos como las guijas lavadas por la espuma; en él se desplegaban sobre su noble frente las blancas alas de Psiquis . . . Y luego, cuando la muerte vino a recordarle que él no había sido sino un huésped más en su palacio, la impenetrable estancia quedó clausurada y muda para siempre; para siempre abismada en su reposo infinito; nadie la profanó jamás, porque nadie hubiera osado poner la planta irreverente allí donde el viejo rey quiso estar solo con sus sueños y aislado en la última Thule de su alma.

Yo doy al cuento el escenario de vuestro reino interior. Abierto con una saludable liberalidad, como la casa del monarca confiado, a todas las corrientes del mundo, exista en él, al mismo tiempo, la celda escondida y misteriosa que desconozcan los huéspedes profanos y que a nadie más que a la razón serena pertenezca. Sólo cuando penetréis dentro del inviolable seguro podréis llamaros, en realidad, hombres libres. No lo son quienes, enajenando insensatamente el dominio de sí a favor de la desordenada pasión o el interés utilitario, olvidan que, según el sabio precepto de Montaigne, nuestro espíritu puede ser objeto de préstamo, pero no de cesión. Pensar, soñar, admirar: he ahí los nombres de los sutiles visitantes de mi celda. Los antiguos los clasificaban dentro de su noble inteligencia del *ocio*, que ellos tenían por el más elevado empleo de una existencia verdaderamente racional, identificándolo con la libertad del pensamiento emancipado de todo innoble yugo. El ocio noble era la inversión del tiempo que oponían, como expresión de la vida superior, a la actividad económica. Vinculando exclusivamente a esa alta y aristocrática idea del reposo su concepción de la dignidad de la vida, el espíritu clásico encuentra su corrección y su complemento en nuestra moderna creencia en la dignidad del trabajo útil; y entrambas atenciones del alma pueden componer, en la existencia individual, un ritmo, sobre cuyo mantenimiento necesario nunca será inoportuno insistir. La escuela estoica, que iluminó el ocaso de la antigüedad como por un anticipado resplandor del cristianismo, nos ha legado una sencilla y conmovedora imagen de la salvación de la libertad interior, aún en medio a los rigores de la servidumbre, en la hermosa figura de Cleanto;[1] de aquel Cleanto que, obligado a emplear la fuerza de sus brazos de atleta en sumergir el cubo de una fuente y mover la piedra de un molino, concedía a la meditación las treguas del quehacer miserable y trazaba, con encallecida mano, sobre las piedras del camino, las máximas oídas de labios de Zenón. Toda educación racional, todo perfecto cultivo de nuestra naturaleza, tomarán por punto de partida la posibilidad de estimular en cada uno de nosotros, la doble actividad que simboliza Cleanto.

Una vez más: el principio fundamental de vuestro desenvolvimiento, vuestro lema en la vida, deben ser mantener la integridad de vuestra condición humana. Ninguna función particular debe prevalecer jamás sobre esa finalidad suprema. Ninguna fuerza aislada puede satisfacer los fines racionales de la existencia individual, como no puede producir el ordenado concierto de la existencia colectiva. Así como la deformidad y el empequeñecimiento son, en el

---

[1] Cleanthes (c. 301–232 B.C.) who heard Zeno lecture, in Athens, in the daytime and worked all night as a water carrier to a gardener. The example of Cleanthes is used by Renan to illustrate a similar point in *L'avenir de la science* (see p. 88 below).

alma de los individuos, el resultado de un exclusivo objeto impuesto a la acción y un solo modo de cultura, la falsedad de lo artificial vuelve efímera la gloria de las sociedades que han sacrificado el libre desarrollo de su sensibilidad y su pensamiento, ya a la actividad mercantil, como en Fenicia; ya a la guerra, como en Esparta; ya al misticismo, como en el terror del milenario; ya a la vida de sociedad y de salón, como en la Francia del siglo XVIII. Y preservándoos contra toda mutilación de vuestra naturaleza moral; aspirando a la armoniosa expansión de vuestro ser en todo noble sentido; pensad al mismo tiempo en que la más fácil y frecuente de las mutilaciones es, en el carácter actual de las sociedades humanas, la que obliga al alma a privarse de ese género de *vida interior*, donde tienen su ambiente propio todas las cosas delicadas y nobles que, a la intemperie de la realidad, quema el aliento de la pasión impura y el interés utilitario proscribe: la vida de que son parte la meditación desinteresada, la contemplación ideal, el *ocio* antiguo, la impenetrable estancia de mi cuento.

III

Así como el primer impulso de la profanación será dirigirse a lo más sagrado del santuario, la regresión vulgarizadora contra la que os prevengo comenzará por sacrificar lo más delicado del espíritu. De todos los elementos superiores de la existencia racional, es el sentimiento de lo bello, la visión clara de la hermosura de las cosas, el que más fácilmente marchita la aridez de la vida limitada a la invariable descripción del círculo vulgar, convirtiéndole en el atributo de una minoría que lo custodia, dentro de cada sociedad humana, como el depósito de un precioso abandono. La emoción de belleza es al sentimiento de las idealidades como el esmalte del anillo. El efecto del contacto brutal por ella empieza fatalmente, y es sobre ella como obra de modo más seguro. Una absoluta indiferencia llega a ser, así, el carácter normal, con relación a lo que debiera ser universal amor de las almas. No es más intensa la estupefacción del hombre salvaje en presencia de los instrumentos y las formas materiales de la civilización, que la que experimenta un número relativamente grande de hombres cultos frente a los actos en que se revele el propósito y el hábito de conceder una seria realidad a la relación hermosa de la vida.

El argumento del apóstol traidor ante el vaso de nardo derramado inútilmente sobre la cabeza del Maestro, es, todavía, una de las fórmulas del sentido común. La super-fluidad del arte no vale para la masa anónima los trescientos denarios.[1] Si acaso la respeta, es como a un culto esotérico. Y sin embargo, entre todos los elementos de educación humana que pueden contribuir a formar un amplio y noble concepto de la vida, ninguno justificaría más que el arte un interés universal, porque ninguno encierra, — según la tesis desenvuelta en elocuentes páginas de Schiller, — la virtuali-dad de una cultura más *extensa* y completa, en el sentido de prestarse a un acordado estímulo de todas las facultades del alma.

Aunque el amor y la admiración de la belleza no res-pondiesen a una noble espontaneidad del ser racional y no tuvieran, con ello, suficiente valor para ser cultivados por sí mismos, sería un motivo superior de moralidad el que autorizaría a proponer la cultura de los sentimientos estéti-cos, como un alto interés de todos. Si a nadie es dado re-nunciar a la educación del sentimiento moral, este deber trae implícito el de disponer el alma para la clara visión de la belleza. Considerad al educado sentido de lo bello el colaborador más eficaz en la formación de un delicado ins-tinto de justicia. La dignificación, el ennoblecimiento interior, no tendrán nunca artífice más adecuado. Nunca la criatura humana se adherirá de más segura manera al cumplimiento del deber que cuando, además de sentirle como una imposición, le sienta estéticamente como una armonía. Nunca ella será más plenamente buena, que cuan-do sepa, en las formas con que se manifieste activamente

[1] St John xii. 3–5.

su virtud, respetar en los demás el sentimiento de lo hermoso.

Cierto es que la santidad del bien purifica y ensalza todas las groseras apariencias. Puede él indudablemente realizar su obra sin darle el prestigio exterior de la hermosura. Puede el amor caritativo llegar a la sublimidad con medios toscos, desapacibles y vulgares. Pero no es sólo más hermosa, sino mayor, la caridad que anhela trasmitirse en las formas de lo delicado y lo selecto; porque ella añade a sus dones un beneficio más, una dulce e inefable caricia que no se sustituye con nada y que realza el bien que se concede, como un toque de luz.

Dar a sentir lo hermoso es obra de misericordia. Aquellos que exigirían que el bien y la verdad se manifestasen invariablemente en formas adustas y severas, me han parecido siempre amigos traidores del bien y la verdad. La virtud es también un género de arte, un arte divino; ella sonríe maternalmente a las Gracias. La enseñanza que se proponga fijar en los espíritus la idea del deber, como la de la más seria realidad, debe tender a hacerla concebir al mismo tiempo como la más alta poesía. Guyau, que es rey en las comparaciones hermosas, se vale de una insustituíble para expresar este doble objeto de la cultura moral. Recuerda el pensador los esculpidos respaldos del coro de una gótica iglesia, en los que la madera labrada bajo la inspiración de la fe, presenta, en una faz, escenas de una vida de santo, y en la otra faz, ornamentales círculos de flores. Por tal manera, a cada gesto del santo, significativo de su piedad o su martirio; a cada rasgo de su fisonomía o su actitud, corresponde, del opuesto lado, una corola o un pétalo. Para acompañar la representación simbólica del bien, brotan, ya un lirio, ya una rosa. Piensa Guyau que no de otro modo debe estar esculpida nuestra alma; y él mismo, el dulce maestro, ¿ no es por la evangélica hermosura de su genio de apóstol, un ejemplo de esa viva armonía?[1]

[1] See J. M. Guyau, *Les problèmes de l'esthétique contemporaine* (Paris–Nice, 1884), parts I and II.

Yo creo indudable que el que ha aprendido a distinguir de lo delicado lo vulgar, lo feo de lo hermoso, lleva hecha media jornada para distinguir lo malo de lo bueno. No es, por cierto, el buen gusto, como querría cierto liviano *dilettantismo* moral, el único criterio para apreciar la legitimidad de las acciones humanas; pero menos debe considerársele, con el criterio de un estrecho ascetismo, una tentación del error y una sirte engañosa. No le señalaremos nosotros como la senda misma del bien; sí como un camino paralelo y cercano que mantiene muy aproximados a ella el paso y la mirada del viajero. A medida que la humanidad avance, se concebirá más claramente la ley moral como una estética de la conducta. Se huirá del mal y del error como de una disonancia; se buscará lo bueno como el placer de una armonía. Cuando la severidad estoica de Kant inspira, simbolizando el espíritu de su ética, las austeras palabras: 'Dormía, y soñé que la vida era belleza; desperté, y advertí que ella es deber', desconoce que, si el deber es la realidad suprema, en ella puede hallar realidad el objeto de su sueño, porque la conciencia del deber le dará, con la visión clara de lo bueno, la complacencia de lo hermoso.

En el alma del redentor, del misionero, del filántropo, debe exigirse también *entendimiento de hermosura,* hay necesidad de que colaboren ciertos elementos del genio del artista. Es inmensa la parte que corresponde al don de descubrir y revelar la íntima belleza de las ideas, en la eficacia de las grandes revoluciones morales. Hablando de la más alta de todas, ha podido decir Renan profundamente que 'la poesía del precepto, que le hace amar, significa más que el precepto mismo, tomado como verdad abstracta'.[1] La originalidad de la obra de Jesús no está, efectivamente, en la acepción literal de su doctrina, — puesto que ella puede reconstituirse toda entera sin salir de la moral de la

---

[1] 'La poésie du précepte, qui le fait aimer, est plus que le précepte lui-même, pris comme une vérité abstraite', *Vie de Jésus* (22nd ed. Paris, 1893), p. 88. In the following sentence Renan avoids the awkward juxtaposition of Deuteronomy and the Talmud by saying 'dans les Pirké Aboth ou dans le Talmud' (*ibid.*).

Sinagoga, buscándola desde el *Deuteronomio* hasta el *Talmud*, — sino en haber hecho sensible, con su prédica, la poesía del precepto, es decir, su belleza íntima.

Pálida gloria será la de las épocas y las comuniones que menosprecien esa relación estética de su vida o de su propaganda. El ascetismo cristiano, que no supo encarar más que una sola faz del ideal, excluyó de su concepto de la perfección todo lo que hace a la vida amable, delicada y hermosa; y su espíritu estrecho sirvió para que el instinto indomable de la libertad, volviendo en una de esas arrebatadas reacciones del espíritu humano, engendrase, en la Italia del Renacimiento, un tipo de civilización que consideró vanidad el bien moral y sólo creyó en la virtud de la apariencia fuerte y graciosa. El puritanismo, que persiguió toda belleza y toda selección intelectual; que veló indignado la casta desnudez de las estatuas; que profesó la afectación de la fealdad, en las maneras, en el traje, en los discursos; la secta triste que, imponiendo su espíritu desde el Parlamento inglés, mandó extinguir las fiestas que manifestasen alegría y segar los árboles que diesen flores, — tendió junto a la virtud, al divorciarla del sentimiento de lo bello, una sombra de muerte que aún no ha conjurado enteramente Inglaterra, y que dura en las menos amables manifestaciones de su religiosidad y sus costumbres. Macaulay declara preferir la grosera 'caja de plomo' en que los puritanos guardaron el tesoro de la libertad, al primoroso cofre esculpido en que la corte de Carlos II hizo acopio de sus refinamientos.[1] Pero como ni la libertad ni la virtud necesitan guardarse en caja de plomo, mucho más que todas las severidades de ascetas y de puritanos, valdrán siempre, para la educación de la humanidad, la gracia del ideal antiguo, la moral armoniosa de Platón, el movimiento pulcro y elegante con que la mano de Atenas tomó, para llevarla a los labios, la copa de la vida.

La perfección de la moralidad humana consistiría en

[1] *History of England*, vol. I, ch. 2; but of course Macaulay's bias is not that overt.

infiltrar el espíritu de la caridad en los moldes de la elegancia griega. Y esta suave armonía ha tenido en el mundo una pasajera realización. Cuando la palabra del cristianismo naciente llegaba con San Pablo al seno de las colonias griegas de Macedonia, a Tesalónica y Filipos, y el Evangelio, aún puro, se difundía en el alma de aquellas sociedades finas y espirituales, en las que el sello de la cultura helénica mantenía una encantadora espontaneidad de distinción, pudo creerse que los dos ideales más altos de la historia iban a enlazarse para siempre. En el estilo epistolar de San Pedro queda la huella de aquel momento en que la caridad se heleniza. Este dulce consorcio duró poco. La armonía y la serenidad de la concepción pagana de la vida se apartaron cada vez más de la idea nueva que marchaba entonces a la conquista del mundo. Pero para concebir la manera como podría señalarse el perfeccionamiento moral de la humanidad un paso adelante, sería necesario soñar que el ideal cristiano se reconcilia de nuevo con la serena y luminosa alegría de la antigüedad; imaginarse que el Evangelio se propaga otra vez en Tesalónica y Filipos.

Cultivar el buen gusto no significa sólo perfeccionar una forma exterior de la cultura, desenvolver una aptitud artística, cuidar, con exquisitez superflua, una elegancia de la civilización. El buen gusto es 'una rienda firme del criterio'.[1] Martha ha podido atribuirle exactamente la significación de una segunda conciencia que nos orienta y nos devuelve a la luz cuando la primera se oscurece y vacila. El sentido delicado de la belleza es, para Bagehot, un aliado del tacto seguro de la vida y de la dignidad de las costumbres. 'La educación del buen gusto — agrega el sabio pensador — se dirige a favorecer el ejercicio del buen sentido, que es nuestro principal punto de apoyo en la complejidad de la vida civilizada.'[2] Si algunas veces veis unida esa

---

[1] 'Un instrument de critique et une règle de jugement' (Benjamin-Constant Martha, Avant-propos, *La délicatesse dans l'art*, Paris, 1885).
[2] 'And, therefore, the cultivation of a fine taste tends to promote the function of a fine judgment, which is a main help in the complex world of civilized existence' (Walter Bagehot, *Physics and Politics*, London, 1869, ch. VI).

educación, en el espíritu de los individuos y las sociedades, al extravío del sentimiento o la moralidad, es porque en tales casos ha sido cultivada como fuerza aislada y exclusiva, imposibilitándose de ese modo el efecto de perfeccionamiento moral que ella puede ejercer dentro de un orden de cultura en el que ninguna facultad del espíritu sea desenvuelta prescindiendo de su relación con las otras. En el alma que haya sido objeto de una estimulación armónica y perfecta, la gracia íntima y la delicadeza del sentimiento de lo bello serán una misma cosa con la fuerza y la rectitud de la razón. No de otra manera observa Taine que, en las grandes obras de la arquitectura antigua, la belleza es una manifestación sensible de la solidez, la elegancia se identifica con la apariencia de la fuerza : 'las mismas líneas del Partenón que halagan a la mirada con proporciones armoniosas, contentan a la inteligencia con promesas de eternidad'.[1]

Hay una relación orgánica, una natural y estrecha simpatía, que vincula a las subversiones del sentimiento y de la voluntad con las falsedades y las violencias del mal gusto. Si nos fuera dado penetrar en el misterioso laboratorio de las almas y se reconstruyera la historia íntima de las del pasado para encontrar la fórmula de sus definitivos caracteres morales, sería un interesante objeto de estudio determinar la parte que corresponde, entre los factores de la refinada perversidad de Nerón, al germen de histrionismo monstruoso depositado en el alma de aquel cómico sangriento por la retórica afectada de Séneca. Cuando se evoca la oratoria de la Convención, y el hábito de una abominable perversión retórica se ve aparecer por todas partes, como la piel felina del jacobinismo, es imposible dejar de relacionar, como los radios que parten de un mismo centro, como los accidentes de una misma insanía,[2] el extravío del

---

[1] '. . . et les lignes qui flattent l'œil de leurs proportions harmonieuses sont justement les lignes qui contentent l'intelligence par des promesses d'éternité. Ajoutez à cet air de force l'air d'aisance et d'élégance . . .' (Hippolyte Taine, *Philosophie de l'art en Grèce*, Paris, 1883, I, v, pp. 62–3; Taine is referring to Greek architecture generally).

[2] More correctly 'insania'.

48

gusto, el vértigo del sentido moral, y la limitación fanática de la razón.

Indudablemente, ninguno más seguro entre los resultados de la estética que el que nos enseña a distinguir en la esfera de lo relativo, lo bueno y lo verdadero, de lo hermoso, y a aceptar la posibilidad de una belleza del mal y del error. Pero no se necesita desconocer esta verdad, *definitivamente* verdadera, para creer en el encadenamiento simpático de todos aquellos altos fines del alma, y considerar a cada uno de ellos como el punto de partida, no único, pero sí más seguro, de donde sea posible dirigirse al encuentro de los otros.

La idea de un superior acuerdo entre el buen gusto y el sentido moral es, pues, exacta, lo mismo en el espíritu de los individuos que en el espíritu de las sociedades. Por lo que respecta a estas últimas, esa relación podría tener su símbolo en la que Rosenkranz afirmaba existir entre la libertad y el orden moral, por una parte, y por la otra la belleza de las formas humanas como un resultado del desarrollo de las razas en el tiempo.[1] Esa belleza típica refleja, para el pensador hegeliano, el efecto ennoblecedor de la libertad; la esclavitud afea al mismo tiempo que envilece; la conciencia de su armonioso desenvolvimiento imprime a las razas libres el sello exterior de la hermosura.

En el carácter de los pueblos, los dones derivados de un gusto fino, el dominio de las formas graciosas, la delicada aptitud de interesar, la virtud de hacer amables las ideas, se identifican, además, con el 'genio de la propaganda', — es decir: con el don poderoso de la universalidad. Bien sabido es que, en mucha parte, a la posesión de aquellos atributos escogidos, debe referirse la significación *humana* que el espíritu francés acierta a comunicar a cuanto elige y consagra. Las ideas adquieren alas potentes y veloces, no en el helado seno de la abstracción, sino en el luminoso y cálido

---

[1] See Karl Rosenkranz, *Aesthetik des Häßlischen* (Königsberg, 1853); this work is mentioned by Guyau, *Les problèmes de l'esthétique contemporaine.*

ambiente de la forma. Su superioridad de difusión, su prevalencia a veces, dependen de que las Gracias las hayan bañado con su luz. Tal así, en las evoluciones de la vida, esas encantadoras exterioridades de la naturaleza, que parecen representar, exclusivamente, la dádiva de una caprichosa superfluidad, — la música, el pintado plumaje, de las aves; y como reclamo para el insecto propagador del polen fecundo, el matiz de las flores, su perfume, — han desempeñado, entre los elementos de la concurrencia vital, una función realísima; puesto que significando una superioridad de motivos, una razón de preferencia, para las atracciones del amor, han hecho prevalecer, dentro de cada especie, a los seres mejor dotados de hermosura sobre los menos ventajosamente dotados.

Para un espíritu en que exista el amor instintivo de lo bello, hay, sin duda, cierto género de mortificación, en resignarse a defenderle por medio de una serie de argumentos que se funden en otra razón, en otro principio, que el mismo irresponsable y desinteresado amor de la belleza, en la que halla su satisfacción uno de los impulsos fundamentales de la existencia racional. Infortunadamente, este motivo superior pierde su imperio sobre un inmenso número de hombres, a quienes es necesario enseñar el respeto debido a ese amor del cual no participan, revelándoles cuáles son las relaciones que lo vinculan a otros géneros de intereses humanos. Para ello, deberá lucharse muy a menudo con el concepto vulgar de estas relaciones. En efecto: todo lo que tienda a suavizar los contornos del carácter social y las costumbres; a aguzar el sentido de la belleza; a hacer del gusto una delicada impresionabilidad del espíritu y de la gracia una forma universal de la actividad, equivale, para el criterio de muchos devotos de lo severo o de lo útil, a menoscabar el temple varonil y heroico de las sociedades, por una parte, su capacidad utilitaria o positiva, por la otra. He leído en *Los trabajadores del mar*, que, cuando un buque de vapor surcó por primera vez las ondas del canal de la Mancha, los campesinos de Jersey lo anatematizaban en nombre de una tradición popular que consideraba elementos irreconciliables y destinados fatídicamente a la discordia, el agua y el fuego.[1] El criterio común abunda en la creencia de enemistades parecidas. Si os proponéis vulgarizar el respeto por lo hermoso, empezad por hacer comprender la posibilidad de un armónico concierto de todas las legítimas actividades humanas, y ésa será más fácil tarea que la de convertir directamente el amor de la hermosura, por ella misma, en atributo de la multitud. Para que la mayoría de los hombres no se sientan inclinados a *expulsar a las golondrinas de la casa*, siguiendo el consejo de Pitágoras, es necesario argumentarles, no con la gracia monástica del ave ni su leyenda de virtud, sino con que la permanencia de sus nidos no es en manera alguna inconciliable con la seguridad de los tejados.

IV

A la concepción de la vida racional que se funda en el libre y armonioso desenvolvimiento de nuestra naturaleza, e incluye, por lo tanto, entre sus fines esenciales, el que se satisface con la contemplación sentida de lo hermoso, se opone — como norma de la conducta humana — la concepción *utilitaria*, por la cual nuestra actividad, toda entera, se orienta en relación a la inmediata finalidad del interés.

La inculpación de utilitarismo estrecho que suele dirigirse al espíritu de nuestro siglo, en nombre del ideal, y con rigores de anatema, se funda, en parte, sobre el desconocimiento de que sus titánicos esfuerzos por la subordinación de las fuerzas de la naturaleza a la voluntad humana y por

---

[1] See Victor Hugo, 'Histoire éternelle de l'Utopie', section II of book 3 of *Les travailleurs de la mer* (Paris, 1886). According to Hugo, the inhabitants not only of Jersey but of the whole of 'cet archipel puritain' cursed the boat in question, and they did so not in the name of a 'tradición popular', as Rodó says, but because of the admonitions of a local preacher who justified his hostility with quotations from Genesis, saying: 'A-t-on le droit de faire travailler ensemble l'eau et le feu que Dieu a séparés?' (*ibid.*). Rodó follows Hugo closely, however, in making this example illustrate more general observations on the nature of bigotry.

la extensión del bienestar material, son un trabajo necesario que preparará, como el laborioso enriquecimiento de una tierra agotada, la florescencia de idealismos futuros. La transitoria predominancia de esa función de utilidad que ha absorbido a la vida agitada y febril de estos cien años sus más potentes energías, explica, sin embargo, — ya que no las justifique, — muchas nostalgias dolorosas, muchos descontentos y agravios de la inteligencia, que se traducen, bien por una melancólica y exaltada idealización de lo pasado, bien por una desesperanza cruel del porvenir. Hay, por ello, un fecundísimo, un bienaventurado pensamiento, en el propósito de cierto grupo de pensadores de las últimas generaciones, — entre los cuales sólo quiero citar una vez más la noble figura de Guyau, — que han intentado sellar la reconciliación definitiva de las conquistas del siglo con la renovación de muchas viejas devociones humanas, y que han invertido en esa obra bendita tantos tesoros de amor como de genio.

Con frecuencia habréis oído atribuir a dos causas fundamentales el desborde del espíritu de utilidad que da su nota a la fisonomía moral del siglo presente, con menoscabo de la consideración *estética* y desinteresada de la vida. Las revelaciones de la ciencia de la naturaleza — que, según intérpretes, ya adversos, ya favorables a ellas, convergen a destruir toda idealidad por su base, — son la una; la universal difusión y el triunfo de las ideas democráticas, la otra. Yo me propongo hablaros exclusivamente de esta última causa; porque confío en que vuestra primera iniciación en las revelaciones de la ciencia ha sido dirigida como para preservaros del peligro de una interpretación vulgar. Sobre la democracia pesa la acusación de guiar a la humanidad, mediocrizándola, a un Sacro Imperio del utilitarismo. La acusación se refleja con vibrante intensidad en las páginas — para mí siempre llenas de un sugestivo encanto — del más amable entre los maestros del espíritu moderno: en las seductoras páginas de Renan, a cuya autoridad ya me habéis oído varias veces referirme y de quien pienso volver a hablaros a menudo. Leed a Renan, aquellos de vosotros que lo ignoréis todavía, y habréis de amarle como yo. Nadie como él me parece, entre los modernos, dueño de ese arte de 'enseñar con gracia', que Anatole France considera divino. Nadie ha acertado como él a hermanar, con la ironía, la piedad. Aun en el rigor del análisis, sabe poner la unción del sacerdote. Aun cuando enseña a dudar, su suavidad exquisita tiende una onda balsámica sobre la duda. Sus pensamientos suelen dilatarse, dentro de nuestra alma, con ecos tan inefables y tan vagos, que hacen pensar en una religiosa música de ideas. Por su infinita comprensibilidad ideal, acostumbran las clasificaciones de la crítica personificar en él el alegre escepticismo de los *dilettanti* que convierten en traje de máscara la capa del filósofo; pero si alguna vez intimáis dentro de su espíritu, veréis que la tolerancia vulgar de los escépticos se distingue de su tolerancia como la hospitalidad galante de un salón del verdadero sentimiento de la caridad.

Piensa, pues, el maestro, que una alta preocupación por los *intereses ideales* de la especie es opuesta del todo al espíritu de la democracia. Piensa que la concepción de la vida, en una sociedad donde ese espíritu domine, se ajustará progresivamente a la exclusiva persecución del bienestar material como beneficio propagable al mayor número de personas. Según él, siendo la democracia la entronización de Calibán, Ariel no puede menos que ser el vencido de ese triunfo. Abundan afirmaciones semejantes a estas de Renan, en la palabra de muchos de los más caracterizados representantes que los intereses de la cultura estética y la selección del espíritu tienen en el pensamiento contemporáneo. Así, Bourget se inclina a creer que el triunfo universal de las instituciones democráticas hará perder a la civilización en profundidad lo que la hace ganar en extensión. Ve su forzoso término en el imperio de un individualismo mediocre. 'Quien dice democracia — agrega el sagaz autor de *André Cornélis* — dice desenvolvimiento progresivo de las tendencias individuales y disminución de la cultura.'

Hay en la cuestión que plantean estos juicios severos, un interés vivísimo para los que amamos — al mismo tiempo — por convencimiento, la obra de la Revolución, que en nuestra América se enlaza además con las glorias de su Génesis; y por instinto, la posibilidad de una noble y selecta vida espiritual que en ningún caso haya de ver sacrificada su serenidad augusta a los caprichos de la multitud. Para afrontar el problema, es necesario empezar por reconocer que cuando la democracia no enaltece su espíritu por la influencia de una fuerte preocupación ideal que comparta su imperio con la preocupación de los intereses materiales, ella conduce fatalmente a la privanza de la mediocridad, y carece, más que ningún otro régimen, de eficaces barreras con las cuales asegurar dentro de un ambiente adecuado la inviolabilidad de la alta cultura. Abandonada a sí misma, — sin la constante rectificación de una activa autoridad moral que la depure y encauce sus tendencias en el sentido de la dignificación de la vida, — la democracia extinguirá gradualmente toda idea de superioridad que no se traduzca en una mayor y más osada aptitud para las luchas del interés, que son entonces la forma más innoble de las brutalidades de la fuerza. La selección espiritual, el enaltecimiento de la vida por la presencia de estímulos desinteresados, el gusto, el arte, la suavidad de las costumbres, el sentimiento de admiración por todo perseverante propósito ideal y de acatamiento a toda noble supremacía, serán como debilidades indefensas allí donde la igualdad social que ha destruído las jerarquías imperativas e infundadas, no las sustituya con otras, que tengan en la influencia moral su único modo de dominio y su principio en una clasificación racional.

Toda igualdad de condiciones es en el orden de las sociedades, como toda homogeneidad en el de la Naturaleza, un equilibrio inestable. Desde el momento en que haya realizado la democracia su obra de negación con el allanamiento de las superioridades injustas, la igualdad conquistada no puede significar para ella sino un punto de partida. Resta la afirmación. Y lo afirmativo de la democracia y su gloria consistirán en suscitar, por eficaces estímulos, en su seno, la revelación y el dominio de las *verdaderas* superioridades humanas.

Con relación a las condiciones de la vida de América, adquiere esta necesidad de precisar el verdadero concepto de nuestro régimen social, un doble imperio. El presuroso crecimiento de nuestras democracias por la incesante agregación de una enorme multitud cosmopolita; por la afluencia inmigratoria, que se incorpora a un núcleo aún débil para verificar un activo trabajo de asimilación y encauzar el torrente humano con los medios que ofrecen la solidez secular de la estructura social, el orden político seguro y los elementos de una cultura que haya arraigado íntimamente, —nos expone en el porvenir a los peligros de la degeneración democrática, que ahoga bajo la fuerza ciega del número toda noción de calidad; que desvanece en la conciencia de las sociedades todo justo sentimiento del orden; y que, librando su ordenación jerárquica a la torpeza del acaso, conduce forzosamente a hacer triunfar las más injustificadas e innobles de las supremacías.

Es indudable que nuestro interés egoísta debería llevarnos, —a falta de virtud, —a ser hospitalarios. Ha tiempo que la suprema necesidad de colmar el vacío moral del desierto, hizo decir a un publicista ilustre que, en América, *gobernar es poblar*.[1] Pero esta fórmula famosa encierra una verdad contra cuya estrecha interpretación es necesario prevenirse, porque conduciría a atribuir una incondicional eficacia civilizadora al valor cuantitativo de la muchedumbre. Gobernar es poblar, asimilando, en primer término; educando y seleccionando, después. Si la aparición y el florecimiento, en la sociedad, de las más elevadas actividades

[1] See J. B. Alberdi (1814–84), *Bases y puntos de partida para la organización política de la República Argentina* (2nd ed. Valparaíso, 1852), ch. xxxii: 'Continuación del mismo asunto — En América gobernar es poblar.' The first edition of this work, which appeared in Buenos Aires earlier in 1852, has only 28 chapters and does not include the phrase as a chapter heading.

humanas, de las que determinan la alta cultura, requieren como condición indispensable la existencia de una población cuantiosa y densa, es precisamente porque esa importancia cuantitativa de la población, dando lugar a la más compleja división del trabajo, posibilita la formación de fuertes elementos dirigentes que hagan efectivo el dominio de la *calidad* sobre el *número*. La multitud, la masa anónima, no es nada por sí misma. La multitud será un instrumento de barbarie o de civilización según carezca o no del coeficiente de una alta dirección moral. Hay una verdad profunda en el fondo de la paradoja de Emerson que exige que cada país del globo sea juzgado según la minoría y no según la mayoría de sus habitantes. La civilización de un pueblo adquiere su carácter, no de las manifestaciones de su prosperidad o de su grandeza material, sino de las superiores maneras de pensar y de sentir que dentro de ella son posibles; y ya observaba Comte, para mostrar cómo en cuestiones de intelectualidad, de moralidad, de sentimiento, sería insensato pretender que la calidad pueda ser sustituída en ningún caso por el número, que ni de la acumulación de muchos espíritus vulgares se obtendrá jamás el equivalente de un cerebro de genio, ni de la acumulación de muchas virtudes mediocres el equivalente de un rasgo de abnegación o de heroísmo.[1] Al instituir nuestra democracia la universalidad y la igualdad de derechos, sancionaría, pues, el predominio innoble del número, si no cuidase de mantener muy en alto la noción de las legítimas superioridades humanas, y de hacer, de la autoridad vinculada al voto popular, no la expresión del sofisma de la igualdad absoluta, sino, según las palabras que recuerdo de un joven publicista francés, 'la consagración de la jerarquía, emanando de la libertad'.

La oposición entre el régimen de la democracia y la alta vida del espíritu es una realidad fatal cuando aquel régimen significa el desconocimiento de las desigualdades legítimas y la sustitución de la fe en el *heroísmo* — en el sentido de Car-

---

[1] See Leçon XLVI of the *Cours de philosophie positive* (ed. cit. pp. 11–160) and pp. 58 and 60 below.

lyle[1]—por una concepción mecánica de gobierno. Todo lo que en la civilización es algo más que un elemento de superioridad material y de prosperidad económica, constituye un relieve que no tarda en ser allanado cuando la autoridad moral pertenece al espíritu de la medianía. En ausencia de la barbarie irruptora, que desata sus hordas sobre los faros luminosos de la civilización, con heroica, y a veces regeneradora, grandeza, la alta cultura de las sociedades debe precaverse contra la obra mansa y disolvente de esas otras hordas pacíficas, acaso acicaladas; las hordas inevitables de la vulgaridad, — cuyo Atila podría personificarse en M. Homais;[2] cuyo heroísmo es la astucia puesta al servicio de una repugnancia instintiva hacia lo grande; cuyo atributo es el rasero nivelador. Siendo la indiferencia inconmovible y la superioridad cuantitativa, las manifestaciones normales de su fuerza, no son por eso incapaces de llegar a la ira épica y de ceder a los impulsos de la acometividad. Charles Morice las llama entonces 'falanges de Prudhommes feroces que tienen por lema la palabra *Mediocridad* y marchan animadas por el odio de lo extraordinario'.[3]

Encumbrados, esos Prudhommes harán de su voluntad triunfante una partida de caza organizada contra todo lo que manifieste la aptitud y el atrevimiento del vuelo. Su fórmula social será una democracia que conduzca a la consagración del pontífice 'Cualquiera', a la coronación del monarca 'Uno de tantos'. Odiarán en el mérito una rebeldía. En sus dominios toda noble superioridad se hallará en las condiciones de la estatua de mármol colocada a la orilla de

[1] *Heroes, Hero-worship and the Heroic in History* (1841). Rodó read Carlyle in J. G. Orbón's translation (Madrid, 1893), for the second volume of which L. Alas wrote a long prologue, developing ideas similar to those of *Ariel*. This fact was recognized both by Rodó (Archivo Rodó, armario 2, 3A 7, 20512) and by Alas in his review of *Ariel*.

[2] The character in Flaubert's *Madame Bovary*.

[3] 'La cohue démocratique . . . Ils ne savent rien, et l'irréconciliable haine de l'Extraordinaire leur prête parfois une façon de logique . . . et c'est une légion de Prudhommes féroces avec ce seul mot pour tout idéal et pour tout évangile : MÉDIOCRITÉ' (Charles Morice, *La littérature de tout à l'heure*, Paris, 1889, pp. 1–2). M. Joseph Prudhomme was a stock character in the satires of Henri Monnier (1799–1876).

un camino fangoso, desde el cual le envía un latigazo de cieno el carro que pasa. Ellos llamarán al dogmatismo del sentido vulgar, sabiduría; gravedad, a la mezquina aridez del corazón; criterio sano, a la adaptación perfecta a lo mediocre; y despreocupación viril, al mal gusto. Su concepción de la justicia los llevaría a sustituir, en la historia, la inmortalidad del grande hombre, bien con la identidad de todos en el olvido común, bien con la memoria igualitaria de Mitrídates, de quien se cuenta que conservaba en el recuerdo los nombres de todos sus soldados. Su manera de republicanismo se satisfaría dando autoridad decisiva al procedimiento probatorio de Fox, que acostumbraba experimentar sus proyectos en el criterio del diputado que le parecía más perfecta personificación del *country gentleman*, por la limitación de sus facultades y la rudeza de sus gustos. Con ellos se estará en las fronteras de la *zoocracia* de que habló una vez Baudelaire.[1] La Titania de Shakespeare, poniendo un beso en la cabeza asinina,[2] podría ser el emblema de la Libertad que otorga su amor a los mediocres. ¡Jamás, por medio de una conquista más fecunda, podrá llegarse a un resultado más fatal!

Embriagad al repetidor de las irreverencias de la medianía, que veis pasar por vuestro lado; tentadle a hacer de héroe; convertid su apacibilidad burocrática en vocación de redentor, — y tendréis entonces la hostilidad rencorosa e implacable contra todo lo hermoso, contra todo lo digno, contra todo lo delicado, del espíritu humano, que repugna, todavía más que el bárbaro derramamiento de la sangre, en la tiranía jacobina; que, ante su tribunal, convierte en culpas la sabiduría de Lavoisier, el genio de Chénier, la dignidad de Malesherbes;[3] que, entre los gritos habituales

---

[1] 'Impitoyable dictature que celle de l'opinion dans les sociétés démocratiques . . . On dirait que de l'amour impie de la liberté est née une tyrannie nouvelle, la tyrannie des bêtes, ou zoocratie . . .' (Charles Baudelaire, 'Edgar Poe: sa vie et ses œuvres', *Œuvres complètes*, Paris, 1922, v, 5).

[2] *A Midsummer-Night's Dream*, IV, i.

[3] Antoine Lavoisier, André Chénier, and Chrétien Malesherbes were all executed in 1794; Comte discusses the case of Lavoisier in similar terms

en la Convención, hace oír las palabras : — *¡Desconfiad de ese hombre, que ha hecho un libro!* ; y que refiriendo el ideal de la sencillez democrática al primitivo *estado de naturaleza* de Rousseau, podría elegir el símbolo de la discordia que establece entre la democracia y la cultura, en la viñeta con que aquel sofista genial hizo acompañar la primera edición de su famosa diatriba contra las artes y las ciencias en nombre de la moralidad de las costumbres: un sátiro imprudente que pretendiendo abrazar, ávido de luz, la antorcha que lleva en su mano Prometeo, oye al titánfilántropo que su fuego es mortal a quien le toca.[1]

La ferocidad igualitaria no ha manifestado sus violencias en el desenvolvimiento democrático de nuestro siglo, ni se ha opuesto en formas brutales a la serenidad y la independencia de la cultura intelectual. Pero, a la manera de una bestia feroz en cuya posteridad domesticada hubiérase cambiado la acometividad en mansedumbre artera e innoble, el igualitarismo, en la forma mansa de la *tendencia a lo utilitario y lo vulgar*, puede ser un objeto real de acusación contra la democracia del siglo XIX. No se ha detenido ante ella ningún espíritu delicado y sagaz a quien no hayan hecho pensar angustiosamente algunos de sus resultados, en el aspecto social y en el político. Expulsando con indignada energía, del espíritu humano, aquella falsa concepción de la igualdad que sugirió los delirios de la Revolución, el alto pensamiento contemporáneo ha mantenido, al mismo tiempo, sobre la realidad y sobre la teoría de la democracia,

in a long footnote in Leçon xlvi of the *Cours de philosophie positive*, iv, 61 (cf. p. 56 above).

[1] The frontispiece of the first edition of J.-J. Rousseau's prize-winning essay on the theme 'Si le rétablissement des sciences et des arts a contribué à épurer les mœurs' (Geneva, Barillot et Fils, 1750) depicts the fable of Prometheus and the Satyr; underneath are the words: 'Satyr, tu ne te connois pas', and there is a reference to a note in the text which in fact tells us: 'Le satyre, dit une ancienne fable, voulut baiser et embrasser le feu, la première fois qu'il le vit; mais Prometheus lui cria: "Satyre, tu pleureras la barbe de ton menton, car il brûle quand on y touche." C'est le sujet du frontispice.' For the much-debated matter of Rousseau's interpretation of his sources, see *Jean-Jacques Rousseau. Œuvres complètes* (Paris, NRF, 1964), iii, 1247.

una inspección severa, que os permite a vosotros, los que colaboraréis en la obra del futuro, fijar vuestro punto de partida, no ciertamente para destruir, sino para educar, el espíritu del régimen que encontráis en pie.

Desde que nuestro siglo asumió personalidad e independencia en la evolución de las ideas, mientras el idealismo alemán rectificaba la utopía igualitaria de la filosofía del siglo XVIII y sublimaba, si bien con viciosa tendencia cesarista, el papel reservado en la historia a la superioridad individual, el positivismo de Comte, desconociendo a la igualdad democrática otro carácter que el de 'un disolvente transitorio de las desigualdades antiguas'[1] y negando con igual convicción la eficacia definitiva de la soberanía popular, buscaba en los principios de las clasificaciones naturales el fundamento de la clasificación social que habría de sustituir a las jerarquías recientemente destruidas. La crítica de la realidad democrática toma formas severas en la generación de Taine y de Renan. Sabéis que a este delicado y bondadoso ateniense sólo complacía la igualdad de aquel régimen social, siendo, como en Atenas, 'una igualdad de semidioses'. En cuanto a Taine, es quien ha escrito los *Orígenes de la Francia contemporánea*; y si, por una parte, su concepción de la sociedad como un organismo, le conduce lógicamente a rechazar toda idea de uniformidad que se oponga al principio de las dependencias y las subordinaciones orgánicas, por otra parte su finísimo instinto de selección intelectual le lleva a abominar de la invasión de las cumbres por la multitud. La gran voz de Carlyle había predicado ya,[2] contra toda niveladora irreverencia, la veneración del *heroísmo*, entendiendo por tal el culto de cualquier noble superioridad. Emerson refleja esa voz en el seno de la más positivista de las democracias. La ciencia nueva habla de selección como de una necesidad de todo progreso. Dentro del arte, que es donde el sentido de lo selecto tiene su más natural adaptación, vibran con honda

---

[1] 'Un simple dissolvant transitoire de l'ancien système politique', Leçon XLVI, *Cours . . .*, 2 a. ed. IV, 54.   [2] See p. 57 above.

resonancia las notas que acusan el sentimiento, que podríamos llamar *de extrañeza*, del espíritu, en medio de las modernas condiciones de la vida. Para escucharlas, no es necesario aproximarse al parnasianismo de estirpe delicada y enferma, a quien un aristocrático desdén de lo presente llevó a la reclusión en lo pasado. Entre las inspiraciones constantes de Flaubert — de quien se acostumbra a derivar directamente la más democratizada de las escuelas literarias, — ninguna más intensa que el odio de la mediocridad envalentonada por la nivelación y de la tiranía irresponsable del número.[1] Dentro de esa contemporánea literatura del Norte, en la cual la preocupación por las altas cuestiones sociales es tan viva, surge a menudo la expresión de la misma idea, del mismo sentimiento; Ibsen desarrolla la altiva arenga de su Stockmann alrededor de la afirmación de que 'las mayorías compactas son el enemigo más peligroso de la libertad y la verdad';[2] y el formidable Nietzsche opone al ideal de una humanidad mediotizada la apoteosis de las almas que se yerguen sobre el nivel de la humanidad como una viva marea. El anhelo vivísimo por una rectificación del espíritu social que asegure a la vida de la *heroicidad* y el pensamiento un ambiente más puro de dignidad y de justicia, vibra hoy por todas partes, y se diría que constituye uno de los fundamentales acordes que este ocaso de siglo propone para las armonías que ha de componer el siglo venidero.

Y sin embargo, el espíritu de la democracia es, esencialmente, para nuestra civilización, un principio de vida contra el cual sería inútil rebelarse. Los descontentos sugeridos por las imperfecciones de su forma *histórica* actual, han llevado a menudo a la injusticia con lo que aquel régimen tiene de definitivo y de fecundo. Así, el aristocratismo sabio de Renan formula la más explícita condenación del principio fundamental de la democracia: la igualdad de

---

[1] Cf. p. 57 above.
[2] 'Dr Stockmann: "The most dangerous enemy of truth and freedom amongst us is the compact majority"' (*An Enemy of the People*, 1882, Act IV).

derechos; cree a este principio irremisiblemente divorciado de todo posible dominio de la superioridad intelectual; y llega hasta señalar en él, con una enérgica imagen, '*los antípodas de las vías de Dios*, — puesto que Dios no ha querido que todos viviesen en el mismo grado la vida del espíritu'.[1] Estas paradojas injustas del maestro, complementadas por su famoso ideal de una oligarquía omnipotente de hombres sabios, son comparables a la reproducción exagerada y deformada, en el sueño, de un pensamiento real y fecundo que nos ha preocupado en la vigilia. Desconocer la obra de la democracia, en lo esencial, porque, aún no terminada, no ha llegado a conciliar definitivamente su empresa de igualdad con una fuerte garantía social de selección, equivale a desconocer la obra, paralela y concorde, de la ciencia, porque interpretada con el criterio estrecho de una escuela, ha podido dañar alguna vez al espíritu de religiosidad o al espíritu de poesía. La democracia y la ciencia, son, en efecto, los dos insustituíbles soportes sobre los que nuestra civilización descansa; o, expresándolo con una frase de Bourget, las dos 'obreras' de nuestros destinos futuros.[2] '*En ellas somos, vivimos, nos movemos.*'[3] Siendo, pues, insensato pensar, como Renan, en obtener una consagración más positiva de todas las superioridades morales, la realidad de una razonada jerarquía, el dominio eficiente de las altas dotes de la inteligencia y de la voluntad, por la *destrucción* de la igualdad democrática, sólo cabe pensar en la *educación* de la democracia y su reforma. Cabe pensar en que pro-

[1] 'La démocratie est en ce sens l'antipode des voies de Dieu, Dieu n'ayant pas voulu que tous vécussent au même degré la vraie vie de l'esprit' (*Dialogues et fragments philosophiques*, 3rd ed. Paris, 1885, p. 101). A. Fouillée used this quotation in his *L'idée moderne du droit* (p. 304), but by omitting the words 'en ce sens' showed he had as little regard as Rodó after him for the original context of the sentence, which is spoken by Théoctiste in the 'Rêves'; on Renan's own admission the 'Rêves' is the least responsible part of the *Dialogues*. See also p. 4 of the Introduction.

[2] 'La Démocratie et la Science, ces deux grandes ouvrières de nos destinées futures.' Paul Bourget, *Outre-mer* (*Notes sur l'Amérique*) (Paris, 1895), I, iii.

[3] 'In eo movemur, vivimus et sumus.' These words from St Paul were put to a similar use by Henri Bérenger: see p. 67.

gresivamente se encarnen, en los sentimientos del pueblo y sus costumbres, la idea de las subordinaciones necesarias, la noción de las superioridades verdaderas, el culto consciente y espontáneo de todo lo que multiplica, a los ojos de la razón, la cifra del valor humano.

La educación popular adquiere, considerada en relación a tal obra, como siempre que se la mira con el pensamiento del porvenir, un interés supremo.[1] Es en la escuela, por cuyas manos procuramos que pase la dura arcilla de las muchedumbres, donde está la primera y más generosa manifestación de la equidad social, que consagra para todos la accesibilidad del saber y de los medios más eficaces de superioridad. Ella debe complementar tan noble cometido, haciendo objetos de una educación preferente y cuidadosa el sentido del orden, la idea y la voluntad de la justicia, el sentimiento de las legítimas autoridades morales.

Ninguna distinción más fácil de confundirse y anularse en el espíritu del pueblo que la que enseña que la igualdad democrática puede significar una igual *posibilidad*, pero nunca una igual *realidad*, de influencia y de prestigio, entre los miembros de una sociedad organizada. En todos ellos hay un derecho idéntico para aspirar a las superioridades morales que deben dar razón y fundamento a las superioridades efectivas; pero sólo a los que han alcanzado realmente la posesión de las primeras, debe ser concedido el premio de las últimas. El verdadero, el digno concepto de la igualdad, reposa sobre el pensamiento de que todos los seres racionales están dotados por naturaleza de facultades capaces de un desenvolvimiento noble. El deber del Estado consiste en colocar a todos los miembros de la sociedad en indistintas

---

[1] 'Plus l'instruction se répand, plus elle doit faire de part aux idées générales et généreuses. On croit que l'instruction populaire doit être terre à terre. C'est le contraire qui est la vérité.'-Fouillée, *L'idée moderne du droit*, lib. 5⁰, IV [Rodó's note]. These lines do not appear in section IV of book 5 of Fouillée's work, and must be a paraphrase of the following, which do: 'Souvent même le meilleur moyen de répandre l'instruction, c'est de l'élever. S'il y a des pays . . . auxquels on a pu reprocher parfois de vulgariser la science en la faisant ramper à terre, c'est là un faux calcul qu'on ne saurait ériger en règle' (*L'idée moderne du droit*, 1st ed. Paris, 1878, p. 330).

condiciones de tender a su perfeccionamiento. El deber del Estado consiste en predisponer los medios propios para provocar, uniformemente, la revelación de las superioridades humanas, dondequiera que existan. De tal manera, más allá de esta igualdad inicial, toda desigualdad estará justificada, porque será la sanción de las misteriosas elecciones de la Naturaleza o del esfuerzo meritorio de la voluntad. Cuando se la concibe de este modo, la igualdad democrática, lejos de oponerse a la selección de las costumbres y de las ideas, es el más eficaz instrumento de selección espiritual, es el ambiente *providencial* de la cultura. La favorecerá todo lo que favorezca al predominio de la energía inteligente. No en distinto sentido pudo afirmar Tocqueville que la poesía, la elocuencia, las gracias del espíritu, los fulgores de la imaginación, la profundidad del pensamiento, 'todos esos dones del alma, repartidos por el cielo al acaso', fueron colaboradores en la obra de la democracia, y la sirvieron, aun cuando se encontraron de parte de sus adversarios, porque convergieron todos a poner de relieve la natural, la no heredada grandeza, de que nuestro espíritu es capaz.[1] La emulación, que es el más poderoso estímulo entre cuantos pueden sobreexcitar, lo mismo la vivacidad del pensamiento que la de las demás actividades humanas, necesita, a la vez, de la igualdad en el punto de partida, para producirse, y de la desigualdad que aventajará a los más aptos y mejores, como objeto final. Sólo un régimen democrático puede conciliar en su seno esas dos condiciones de la emulación, cuando no degenera en nivelador igualitarismo y se limita a considerar como un hermoso ideal de perfectabilidad una futura equivalencia de los hombres por su ascensión al mismo grado de cultura.

Racionalmente concebida, la democracia admite siempre

---

[1] 'La poésie, l'éloquence, la mémoire, les grâces de l'esprit, les feux de l'imagination, la profondeur de la pensée, tous ces dons que le ciel répartit au hasard, profitèrent à la démocratie, et lors qu'ils se trouvèrent dans la possession de ses adversaires, ils servirent encore sa cause en mettant en relief la grandeur naturelle de l'homme.' A. de Tocqueville, *De la démocratie en Amérique* (2nd ed. Paris, 1835), vol. i, p. 7.

un imprescriptible elemento aristocrático, que consiste en establecer la superioridad de los mejores, asegurándola sobre el consentimiento libre de los asociados. Ella consagra, como las aristocracias, la distinción de calidad; pero la resuelve a favor de las calidades realmente superiores, — las de la virtud, el carácter, el espíritu, — y sin pretender inmovilizarlas en clases constituídas aparte de las otras, que mantengan a su favor el privilegio execrable de la casta, renueva sin cesar su aristocracia dirigente en las fuentes vivas del pueblo y la hace aceptar por la justicia y el amor. Reconociendo, de tal manera, en la selección y la predominancia de los mejor dotados una necesidad de todo progreso, excluye de esa ley universal de la vida, al sancionarla en el orden de la sociedad, el efecto de humillación y de dolor que es, en las concurrencias de la naturaleza y en las de las otras organizaciones sociales, el duro lote del vencido. 'La gran ley de la selección natural, ha dicho luminosamente Fouillée, continuará realizándose en el seno de las sociedades humanas, sólo que ella se realizará de más en más por vía de libertad.'[1] El carácter odioso de las aristocracias tradicionales se originaba de que ellas eran injustas, por su fundamento, y opresoras, por cuanto su autoridad era una imposición. Hoy sabemos que no existe otro límite legítimo para la igualdad humana que el que consiste en el dominio de la inteligencia y la virtud, consentido por la libertad de todos. Pero sabemos también que es necesario que este límite exista en realidad. Por otra parte, nuestra concepción cristiana de la vida nos enseña que las superioridades morales, que son un motivo de derechos, son principalmente un motivo de deberes, y que todo espíritu superior se debe a los demás en igual proporción que los excede en capacidad de realizar el bien. El anti-igualitarismo de Nietzsche, — que tan profundo surco señala en la que podríamos llamar nuestra moderna *literatura de ideas*, — ha

---

[1] 'La grande loi du monde, la sélection naturelle, continue à s'exercer au sein des sociétés humaines; seulement elle s'y exerce de plus en plus par voie de liberté' (Fouillée, *L'idée moderne du droit*, p. 347).

llevado a su poderosa reivindicación de los derechos que él considera implícitos en las superioridades humanas, un abominable, un reaccionario espíritu; puesto que, negando toda fraternidad, toda piedad, pone en el corazón del *superhombre* a quien endiosa un menosprecio satánico para los desheredados y los débiles; legitima en los privilegiados de la voluntad y de la fuerza el ministerio de verdugo; y con lógica resolución llega, en último término, a afirmar que, 'la sociedad no existe para sí sino para sus elegidos'. No es, ciertamente, esta concepción monstruosa la que puede oponerse, como lábaro, al falso igualitarismo que aspira a la nivelación de todos por la común vulgaridad. Por fortuna, mientras exista en el mundo la posibilidad de disponer dos trozos de madera en forma de cruz, — es decir: siempre, — la humanidad seguirá creyendo que es el amor el fundamento de todo orden estable y que la superioridad jerárquica en el orden no debe ser sino una superior capacidad de amar.

Fuente de inagotables inspiraciones morales, la ciencia nueva nos sugiere, al esclarecer las leyes de la vida, cómo el principio democrático puede conciliarse, en la organización de las colectividades humanas, con una *aristarquia* de la moralidad y la cultura. Por una parte, — como lo ha hecho notar, una vez más, en un simpático libro, Henri Bérenger, — las afirmaciones de la ciencia contribuyen a sancionar y fortalecer en la sociedad el espíritu de la democracia, revelando cuánto es el valor natural del esfuerzo colectivo; cuál la grandeza de la obra de los pequeños; cuán inmensa la parte de acción reservada al colaborador anónimo y obscuro en cualquiera manifestación del desenvolvimiento universal. Realza, no menos que la revelación cristiana, la dignidad de los humildes, esta nueva revelación, que atribuye, en la naturaleza, a la obra de los infinitamente pequeños, a la labor del nummulite y el briozóo en el fondo obscuro del abismo, la construcción de los cimientos geológicos; que hace surgir de la vibración de la célula informe y primitiva, todo el impulso ascendente de las formas orgánicas; que manifiesta el poderoso papel

66

que en nuestra vida psíquica es necesario atribuir a los fenómenos más inaparentes y más vagos, aun a las fugaces percepciones de que no tenemos conciencia; y que, llegando a la sociología y a la historia, restituye al heroísmo, a menudo abnegado, de las muchedumbres, la parte que le negaba el silencio en la gloria del héroe individual, y hace patente la lenta acumulación de las investigaciones que, al través de los siglos, en la sombra, en el taller o el laboratorio de obreros olvidados, preparan los hallazgos del genio.[1]

Pero a la vez que manifiesta así la inmortal eficacia del esfuerzo colectivo, y dignifica la participación de los colaboradores ignorados en la obra universal, la ciencia muestra cómo en la inmensa sociedad de las cosas y los seres, es una necesaria condición de todo progreso el orden jerárquico; son un principio de la vida las relaciones de dependencia y de subordinación entre los componentes individuales de aquella sociedad y entre los elementos de la organización del individuo; y es, por último, una necesidad inherente a la ley universal de *imitación*, si se la relaciona con el perfeccionamiento de las sociedades humanas, la presencia, en ellas, de modelos vivos e influentes,[2] que las realcen por la progresiva generalización de su superioridad.

Para mostrar ahora cómo ambas enseñanzas universales

[1] 'Les géologues, quand ils évoquent le peuple anonyme et patient des gouttes d'eau, des grains de sable et des microzoaires par qui notre terre fut constituée; les biologistes, quand ils nous font entrevoir la cellule informe et primitive d'où toute vie est lentement issue; les psychologues, quand ils nous révèlent les mille petites perceptions quasi inconscientes, grâce auxquelles ont un jour surgi la conscience de l'homme et ses plus hautes pensées; les historiens, quand ils relèguent au second plan les héros et les rois pour étaler à nos yeux le lent travail des collectivités inconnues; les sociologues enfin, quand ils nous décrivent de quels milliers d'efforts et d'existences se compose toute action sociale: que font-ils autre chose, qu'attester et que confesser une même idée, la plus féconde des temps modernes? Rien n'est grand, rien n'est durable dans l'univers que l'effort collectif. L'infiniment petit nous enveloppe, nous pénètre, nous fait naître et mourir, nous, l'humanité et le monde: *in eo vivimus, movemur et sumus*' (Henri Bérenger, 'La science, la démocratie et le Christianisme', *L'aristocratie intellectuelle*, Paris, 1895, pp. 61-2). Rodó took his information about nummulite fossils from J. Vilanova y Piera, *Manual de geología aplicada* (Madrid, 1861), II, p. 260 (Note in the Archivo Rodó, armario 2, 3A 7, 20474).

[2] The normal Spanish is: 'influyentes'.

67

de la ciencia pueden traducirse en hechos, conciliándose, en la organización y en el espíritu de la sociedad, basta insistir en la concepción de una democracia noble, justa; de una democracia dirigida por la noción y el sentimiento de las verdaderas superioridades humanas; de una democracia en la cual la supremacía de la inteligencia y la virtud, — únicos límites para la equivalencia meritoria de los hombres, — reciba su autoridad y su prestigio de la libertad, y descienda sobre las multitudes en la efusión bienhechora del amor.

Al mismo tiempo que conciliará aquellos dos grandes resultados de la observación del orden natural, se realizará dentro de una sociedad semejante — según lo observa, en el mismo libro de que os hablaba, Bérenger,[1] — la armonía de los dos impulsos históricos que han comunicado a nuestra civilización sus caracteres esenciales, los principios reguladores de su vida. Del espíritu del cristianismo nace, efectivamente, el sentimiento de igualdad, viciado por cierto ascético menosprecio de la selección espiritual y la cultura. De la herencia de las civilizaciones clásicas nacen el sentido del orden, de la jerarquía, y el respeto religioso del genio, viciados por cierto aristocrático desdén de los humildes y los débiles. El porvenir sintetizará ambas sugestiones del pasado, en una fórmula inmortal. La democracia, entonces, habrá triunfado definitivamente. Y ella, que, cuando amenaza con lo innoble del rasero nivelador, justifica las protestas airadas y las amargas melancolías de los que creyeron sacrificados por su triunfo toda distinción intelectual, todo ensueño de arte, toda delicadeza de la vida, tendrá, aún más que las viejas aristocracias, inviolables seguros para el cultivo de las flores del alma que se marchitan y perecen en el ambiente de la vulgaridad y entre las impiedades del tumulto.

V

La concepción utilitaria, como idea del destino humano, y la igualdad en lo mediocre, como norma de la proporción

[1] *L'aristocratie intellectuelle*, pp. 73–5.

social, componen, íntimamente relacionadas, la fórmula de lo que ha solido llamarse, en Europa, el espíritu de *americanismo*. Es imposible meditar sobre ambas inspiraciones de la conducta y la sociabilidad, y compararlas con las que les son opuestas, sin que la asociación traiga, con insistencia, a la mente, la imagen de esa democracia formidable y fecunda, que, allá en el Norte, ostenta las manifestaciones de su prosperidad y su poder, como una deslumbradora prueba que abona en favor de la eficacia de sus instituciones y de la dirección de sus ideas. Si ha podido decirse del utilitarismo, que es el verbo del espíritu inglés, los Estados Unidos pueden ser considerados la encarnación del verbo utilitario. Y el Evangelio de este verbo, se difunde por todas partes a favor de los milagros materiales del triunfo. Hispano-América ya no es enteramente calificable, con relación a él, de tierra de gentiles. La poderosa federación va realizando entre nosotros una suerte de conquista moral. La admiración por su grandeza y por su fuerza es un sentimiento que avanza a grandes pasos en el espíritu de nuestros hombres dirigentes, y aún más quizá, en el de las muchedumbres, fascinables por la impresión de la victoria. Y de admirarla se pasa por una transición facilísima a imitarla. La admiración y la creencia son ya modos pasivos de imitación para el psicólogo. 'La tendencia imitativa de nuestra naturaleza moral — decía Bagehot — tiene su asiento en aquella parte del alma en que reside la credibilidad.'[1] El sentido y la experiencia vulgares serían suficientes para establecer por sí solos esa sencilla relación. Se imita a aquel en cuya superioridad o cuyo prestigio se cree. Es así como la visión de una América *deslatinizada* por propia voluntad, sin la extorsión de la conquista, y regenerada luego a imagen y semejanza del arquetipo del Norte, flota ya sobre los sueños de muchos sinceros interesados por nuestro porvenir, inspira la fruición con que ellos formulan a cada paso los más sugestivos paralelos, y se manifiesta por constantes propósitos de innova-

[1] 'The main seat of the imitative part of our nature is our belief' (*Physics and Politics*, ch. III).

ción y de reforma. Tenemos nuestra *nordomanía*. Es necesario oponerle los límites que la razón y el sentimiento señalan de consuno.

No doy yo a tales límites el sentido de una absoluta negación. Comprendo bien que se adquieran inspiraciones, luces, enseñanzas, en el ejemplo de los fuertes; y no desconozco que una inteligente atención fijada en lo exterior para reflejar de todas partes la imagen de lo beneficioso y de lo útil es singularmente fecunda cuando se trata de pueblos que aún forman y modelan su entidad nacional. Comprendo bien que se aspire a rectificar, por la educación perseverante, aquellos trazos del carácter de una sociedad humana que necesiten concordar con nuevas exigencias de la civilización y nuevas oportunidades de la vida, equilibrando así, por medio de una influencia innovadora, las fuerzas de la herencia y la costumbre. Pero no veo la gloria, ni en el propósito de desnaturalizar el carácter de los pueblos, — su genio *personal*, — para imponerles la identificación con un modelo extraño al que ellos sacrifiquen la originalidad irreemplazable de su espíritu; ni en la creencia ingenua de que eso pueda obtenerse alguna vez por procedimientos artificiales e improvisados de imitación. Ese irreflexivo traslado de lo que es natural y espontáneo en una sociedad al seno de otra, donde no tenga raíces ni en la naturaleza ni en la historia, equivalía para Michelet a la tentativa de incorporar, por simple agregación, una cosa muerta a un organismo vivo.[1] En sociabilidad, como en literatura, como en arte, la imitación inconsulta no hará nunca sino deformar las líneas del modelo. El engaño de los que piensan haber reproducido en lo esencial el carácter de una colectividad humana, las fuerzas vivas de su espíritu, y con ellos el secreto de sus triunfos y su prosperidad, repro-

---

[1] 'On prend à un peuple voisin telle chose qui chez lui est vivante; on se l'approprie tant bien que mal, malgré les répugnances d'un organisme qui n'était pas fait pour elle; mais c'est un corps étranger que vous vous mettez dans la chair; c'est une chose inerte et morte, c'est la mort que vous adoptez' (Jules Michelet, *Le Peuple*, p. 271). Michelet is talking about France's attitude to England.

duciendo exactamente el mecanismo de sus instituciones y las formas exteriores de sus costumbres, hace pensar en la ilusión de los principiantes candorosos que se imaginan haberse apoderado del genio del maestro cuando han copiado las formas de su estilo o sus procedimientos de composición.

En ese esfuerzo vano hay, además, no sé qué cosa de innoble. Género de *snobismo* político podría llamarse al afanoso remedo de cuanto hacen los preponderantes y los fuertes, los vencedores y los afortunados; género de abdicación servil, como en la que en algunos de los *snobs* encadenados para siempre a la tortura de la sátira por el libro de Thackeray,[1] hace consumirse tristemente las energías de los ánimos no ayudados por la naturaleza o la fortuna, en la imitación impotente de los caprichos y las volubilidades de los encumbrados de la sociedad. El cuidado de la independencia *interior*, — la de la personalidad, la del criterio, — es una principalísima forma del respeto propio. Suele, en los tratados de ética, comentarse un precepto moral de Cicerón, según el cual forma parte de los deberes humanos el que cada uno de nosotros cuide y mantenga celosamente la originalidad de su carácter personal, lo que haya en él que lo diferencie y determine, respetando, en todo cuanto no sea inadecuado para el bien, el impulso primario de la Naturaleza, que ha fundado en la varia distribución de sus dones el orden y el concierto del mundo.[2] Y aún me parecería mayor el imperio del precepto si se le aplicase, colectivamente, al carácter de las sociedades humanas. Acaso oiréis decir que no hay un sello propio y definido, por cuya permanencia, por cuya integridad deba pugnarse, en la organización actual de nuestros pueblos. Falta tal vez, en nuestro carácter colectivo, el contorno seguro de la 'personalidad'. Pero en ausencia de esa índole perfectamente diferenciada y auto-

---

[1] *The Book of Snobs* (1848); first in *Punch* as *Snob papers*.
[2] 'Cicerón recomienda conservar el carácter individual. Otro tanto puede decirse de los pueblos (vid. Janet)'; note in the Archivo Rodó, armario 2, 3A 8, 20562. See in effect P. Janet, *Tratado de filosofía* (Paris, 1882), p. 717.

nómica, tenemos — los americanos latinos — una herencia de raza, una gran tradición étnica que mantener, un vínculo sagrado que nos une a inmortales páginas de la historia, confiando a nuestro honor su continuación en lo futuro. El cosmopolitismo, que hemos de acatar como una irresistible necesidad de nuestra formación, no excluye, ni ese sentimiento de fidelidad a lo pasado, ni la fuerza directriz y plasmante con que debe el genio de la raza imponerse en la refundición de los elementos que constituirán al americano definitivo del futuro.

Se ha observado más de una vez que las grandes evoluciones de la historia, las grandes épocas, los períodos más luminosos y fecundos en el desenvolvimiento de la humanidad, son casi siempre la resultante de dos fuerzas distintas y co-actuales, que mantienen, por los concertados impulsos de su oposición, el interés y el estímulo de la vida, los cuales desaparecerían, agotados, en la quietud de una unidad absoluta. Así, sobre los dos polos de Atenas y Lacedemonia se apoya el eje alrededor del cual gira el carácter de la más genial y civilizadora de las razas. América necesita mantener en el presente la dualidad original de su constitución, que convierte en realidad de su historia el mito clásico de las dos águilas soltadas simultáneamente de uno y otro polo del mundo, para que llegasen a un tiempo al límite de sus dominios. Esta diferencia genial y emuladora no excluye, sino que tolera y aun favorece en muchísimos aspectos, la concordia de la solidaridad. Y si una concordia superior pudiera vislumbrarse desde nuestros días, como la fórmula de un porvenir lejano, ella no sería debida a la *imitación unilateral* — que diría Tarde[1] — de una raza por otra, sino a la reciprocidad de sus influencias y al atinado concierto de los atributos en que se funda la gloria de las dos.

Por otra parte, en el estudio desapasionado de esa civilización que algunos nos ofrecen como único y absoluto modelo, hay razones no menos poderosas que las que se fundan en la indignidad y la inconveniencia de una renuncia a todo pro-

---

[1] Jean Gabriel Tarde, *Les lois de l'imitation* (Paris, 1890).

pósito de originalidad, para templar los entusiasmos de los que nos exigen su consagración idolátrica. Y llego, ahora, a la relación que directamente tiene, con el sentido general de esta plática mía, el comentario de semejante espíritu de imitación.

Todo juicio severo que se formule de los americanos del Norte debe empezar por rendirles, como se haría con altos adversarios, la formalidad caballeresca de un saludo. Siento fácil mi espíritu para cumplirla. Desconocer sus defectos no me parecería tan insensato como negar sus cualidades. Nacidos — para emplear la paradoja usada por Baudelaire a otro respecto — con la *experiencia innata*[1] de la libertad, ellos se han mantenido fieles a la ley de su origen, y han desenvuelto, con la precisión y la seguridad de una progresión matemática, los principios fundamentales de su organización, dando a su historia una consecuente unidad que, si bien ha excluído las adquisiciones de aptitudes y méritos distintos, tiene la belleza intelectual de la lógica. La huella de sus pasos no se borrará jamás en los anales del derecho humano; porque ellos han sido los primeros en hacer surgir nuestro moderno concepto de la libertad, de las inseguridades del ensayo y de las imaginaciones de la utopía, para convertirla en bronce imperecedero y realidad viviente; porque han demostrado con su ejemplo la posibilidad de extender a un inmenso organismo nacional la inconmovible autoridad de una república; porque, con su organización federativa, han revelado — según la feliz expresión de Tocqueville — la manera como se pueden conciliar con el brillo y el poder de los estados grandes la felicidad y la paz de los pequeños.[2] Suyos son algunos de los rasgos más audaces con que ha de destacarse en la perspectiva del tiempo la obra de este siglo. Suya es la gloria de haber revelado plenamente —

[1] In a very different context in fact; Baudelaire spoke of the 'expérience innée' of Poe's poetry and considered most North Americans insensitive to it ('Edgar Poe: sa vie et ses œuvres', *Œuvres complètes*, v, p. 11).

[2] 'L'Union est libre et heureuse comme une petite nation, glorieuse et forte comme une grande' (A. de Tocqueville, *De la démocratie en Amérique*, i, 278. From the chapter 'Des avantages du système fédératif en général et de son utilité spéciale pour l'Amérique').

acentuando la más firme nota de belleza moral de nuestra civilización — la grandeza y el poder del trabajo; esa fuerza bendita que la antigüedad abandonaba a la abyección de la esclavitud, y que hoy identificamos con la más alta expresión de la dignidad humana, fundada en la conciencia y la actividad del propio mérito. Fuertes, tenaces, teniendo la inacción por oprobio, ellos han puesto en manos del *mechanic* de sus talleres y el *farmer* de sus campos, la clava hercúlea del mito, y han dado al genio humano una nueva e inesperada belleza ciñéndole el mandil de cuero del forjador. Cada uno de ellos avanza a conquistar la vida como el desierto los primitivos puritanos. Perseverantes devotos de ese culto de la energía individual que hace de cada hombre el artífice de su destino, ellos han modelado su sociabilidad en un conjunto imaginario de ejemplares de Robinson,[1] que después de haber fortificado rudamente su personalidad en la práctica de la ayuda propia, entraran a componer los filamentos de una urdimbre firmísima. Sin sacrificarle esa soberana concepción del individuo, han sabido hacer al mismo tiempo, del espíritu de asociación, el más admirable instrumento de su grandeza y de su imperio; y han obtenido de la suma de las fuerzas humanas, subordinada a los propósitos de la investigación, de la filantropía, de la industria, resultados tanto más maravillosos, por lo mismo que se consiguen con la más absoluta integridad de la autonomía personal. Hay en ellos un instinto de curiosidad despierta e insaciable, una impaciente avidez de toda luz; y profesando el amor por la instrucción del pueblo con la obsesión de una monomanía gloriosa y fecunda, han hecho de la escuela el quicio más seguro de su prosperidad, y del alma del niño la más cuidada entre las cosas leves y preciosas. Su cultura, que está lejos de ser refinada ni espiritual, tiene una eficacia admirable siempre que se dirige prácticamente a realizar una finalidad inmediata. No han incorporado a las adquisiciones de la ciencia una sola ley general, un solo principio; pero la han hecho maga por las maravillas de sus aplicaciones, la

---

[1] I.e. Robinson Crusoe.

han agigantado en los dominios de la utilidad, y han dado al mundo, en la caldera de vapor y en el dinamo[1] eléctrico, billones de esclavos invisibles que centuplican, para servir al Aladino humano, el poder de la lámpara maravillosa. El crecimiento de su grandeza y de su fuerza será objeto de perdurables asombros para el porvenir. Han inventado, con su prodigiosa aptitud de improvisación, un acicate para el tiempo; y al conjuro de su voluntad poderosa, surge en un día, del seno de la absoluta soledad, la suma de cultura acumulable por la obra de los siglos. La libertad puritana, que les envía su luz desde el pasado, unió a esta luz el calor de una piedad que aún dura. Junto a la fábrica y la escuela, sus fuertes manos han alzado también, los templos de donde evaporan sus plegarias muchos millones de conciencias libres. Ellos han sabido salvar, en el naufragio de todas las idealidades, la idealidad más alta, guardando viva la tradición de un sentimiento religioso que, si no levanta sus vuelos en alas de un espiritualismo delicado y profundo, sostiene, en parte, entre las asperezas del tumulto utilitario, la rienda firme del sentido moral. Han sabido, también, guardar, en medio a los refinamientos de la vida civilizada, el sello de cierta primitividad robusta. Tienen el culto pagano de la salud, de la destreza, de la fuerza; templan y afinan en el músculo el instrumento precioso de la voluntad; y obligados por su aspiración insaciable de dominio a cultivar la energía de todas las actividades humanas, modelan el torso del atleta para el corazón del hombre libre. Y del concierto de su civilización, del acordado movimiento de su cultura, surge una dominante nota de optimismo, de confianza, de fe, que dilata los corazones impulsándolos al porvenir bajo la sugestión de una esperanza terca y arrogante; la nota del *Excelsior* y el *Salmo de la vida*[2] con que sus poetas han señalado el infalible bálsamo contra toda amargura en la filosofía del esfuerzo y de la acción.

[1] This word is normally considered to be feminine.
[2] I.e. Longfellow's 'Excelsior' and 'A Psalm of Life'.

Su grandeza titánica se impone así, aun a los más prevenidos por las enormes desproporciones de su carácter o por las violencias recientes de su historia. Y por mi parte, ya veis que, aunque no les amo, les admiro. Les admiro, en primer término, por su formidable capacidad de *querer*, y me inclino ante 'la escuela de voluntad y de trabajo' que — como de sus progenitores nacionales dijo Philarète Chasles[1] — ellos han instituído.

En el principio la acción era.[2] Con estas célebres palabras del *Fausto* podría empezar un futuro historiador de la poderosa república, el Génesis, aún no concluído, de su existencia nacional. Su genio podría definirse, como el universo de los dinamistas, *la fuerza en movimiento*. Tiene, ante todo y sobre todo, la capacidad, el entusiasmo, la vocación dichosa de la acción. La voluntad es el cincel que ha esculpido a ese pueblo en dura piedra. Sus relieves característicos son dos manifestaciones del poder de la voluntad: la originalidad y la audacia. Su historia es, toda ella, el arrebato de una actividad viril. Su personaje representativo se llama *Yo quiero*, como el 'super-hombre' de Nietzsche. Si algo le salva colectivamente de la vulgaridad, es ese extraordinario alarde de energía que lleva a todas partes y con el que imprime cierto carácter de épica grandeza aun a las luchas del interés y de la vida material. Así de los especuladores de Chicago y de Minneapolis, ha dicho Paul Bourget que son a la manera de combatientes heroicos en los cuales la aptitud para el ataque y la defensa es comparable a la de un *grognard* del gran Emperador.[3] Y esta energía suprema con la que el genio norteamericano parece obtener — hipnotizador audaz — el adormecimiento y la

[1] '"Amo la Inglaterra como la grande escuela de la voluntad y del trabajo. Ella me ha enseñado el valor individual, el valor propio e igual del hombre tomado en sí mismo, responsable sólo ante Dios!" (Philarète Chasles)'; note in the Archivo Rodó, armario 2, 3A 7, 20509.

[2] FAUST. Im Anfang war die Tat! (*Faust*, part i.)

[3] 'Il (le magnat) a livré des batailles, formé des lignes. Il a dû . . . enrégimenter milliers d'hommes, choisir parmi eux les plus habiles, leur commander comme Napoléon commandait à ses officiers et à ses soldats' (Paul Bourget, *Outre-mer* (*Notes sur l'Amérique*), i, 198).

76

sugestión de los hados, suele encontrarse aun en las particularidades que se nos presentan como excepcionales y divergentes, de aquella civilización. Nadie negará que Edgar Poe es una individualidad anómala y rebelde dentro de su pueblo. Su alma escogida representa una partícula inasimilable del alma nacional, que no en vano se agitó entre las otras con la sensación de una soledad infinita. Y sin embargo, la nota fundamental — que Baudelaire ha señalado profundamente[1] — en el carácter de los héroes de Poe, es, todavía, el temple sobrehumano, la indómita resistencia de la voluntad. Cuando ideó a Ligeia, la más misteriosa y adorable de sus criaturas, Poe simbolizó en la luz inextinguible de sus ojos, el himno de triunfo de la Voluntad sobre la Muerte.

Adquirido, con el sincero reconocimiento de cuanto hay de luminoso y grande en el genio de la poderosa nación, el derecho de completar respecto a él la fórmula de la justicia, una cuestión llena de interés pide expresarse. ¿Realiza aquella sociedad, o tiende a realizar, por lo menos, la idea de la conducta racional que cumple a las legítimas exigencias del espíritu, a la dignidad intelectual y moral de nuestra civilización? ¿Es en ella donde hemos de señalar la más aproximada imagen de nuestra 'ciudad perfecta'? Esa febricitante inquietud que parece centuplicar en su seno el movimiento y la intensidad de la vida, ¿tiene un objeto capaz de merecerla y un estímulo bastante para justificarla?

Herbert Spencer, formulando con noble sinceridad su saludo a la democracia de América en un banquete de Nueva York, señalaba el rasgo fundamental de la vida de los norteamericanos, en esa misma desbordada inquietud que se manifiesta por la pasión infinita del trabajo y la porfía de la expansión material en todas sus formas. Y observaba después que, en tan exclusivo predominio de la actividad subordinada a los propósitos inmediatos de la utilidad, se revelaba una concepción de la existencia,

[1] Baudelaire, 'Edgar Poe: sa vie et ses œuvres'.

tolerable sin duda como carácter provisional de una civilización, como tarea preliminar de una cultura, pero que urgía ya rectificar, puesto que tendía a convertir el trabajo utilitario en fin y objeto supremo de la vida, cuando él en ningún caso puede significar racionalmente sino la acumulación de los elementos propios para hacer posible el total y armonioso desenvolvimiento de nuestro ser. Spencer agregaba que era necesario predicar a los norteamericanos el Evangelio del descanso o el recreo ;[1] e identificando nosotros la más noble significación de estas palabras con la del *ocio* tal cual lo dignificaban los antiguos moralistas, clasificaremos dentro del Evangelio en que debe iniciarse a aquellos trabajadores sin reposo, toda preocupación ideal, todo desinteresado empleo de las horas, todo objeto de meditación levantado sobre la finalidad inmediata de la utilidad.

La vida norteamericana describe efectivamente ese círculo vicioso que Pascal[2] señalaba en la anhelante persecución del bienestar, cuando él no tiene su fin fuera de sí mismo. Su prosperidad es tan grande como su imposibilidad de satisfacer a una mediana concepción del destino humano. Obra titánica, por la enorme tensión de voluntad que representa, y por sus triunfos inauditos en todas las esferas del engrandecimiento material, es indudable que aquella civilización produce en su conjunto una singular impresión de insuficiencia y de vacío. Y es que si, con el derecho que da la historia de treinta siglos de evolución presididos por la dignidad del espíritu clásico y del espíritu cristiano, se pregunta cuál es en ella el principio dirigente, cuál su *substratum* ideal, cuál el propósito ulterior a la inmediata preocupación de los intereses positivos que estremecen aquella masa formidable, sólo se encontrará, como fórmula del ideal definitivo, la misma absoluta preocupación del triunfo

[1] 'In brief, I may say that we have had somewhat too much of "the gospel of work". It is time to preach the gospel of relaxation' (Herbert Spencer, in a speech delivered on the occasion of a complimentary dinner in New York on 9 November 1882, in 'The Americans', *Essays: scientific, political and speculative*, London, 1901, iii, 484).
[2] *Pensées*, article xxi, ii, and article xxii, i.

material. Huérfano de tradiciones muy hondas que le orienten, ese pueblo no ha sabido sustituir la idealidad inspiradora del pasado con una alta y desinteresada concepción del porvenir. Vive para la realidad inmediata, del presente, y por ello subordina toda su actividad al egoísmo del bienestar personal y colectivo. De la suma de los elementos de su riqueza y su poder podría decirse lo que el autor de *Mensonges*[1] de la inteligencia del marqués de Norbert que figura en uno de sus libros: es un monte de leña al cual no se ha hallado modo de dar fuego.[2] Falta la chispa eficaz que haga levantarse la llama de un ideal vivificante e inquieto, sobre el copioso combustible. Ni siquiera el egoísmo nacional, a falta de más altos impulsos; ni siquiera el exclusivismo y el orgullo de raza, que son los que transfiguran y engrandecen, en la antigüedad, la prosaica dureza de la vida de Roma, pueden tener vislumbres de idealidad y de hermosura en un pueblo donde la confusión cosmopolita y el *atomismo* de una mal entendida democracia impiden la formación de una verdadera conciencia nacional.

Diríase que el positivismo genial de la Metrópoli ha sufrido, al trasmitirse a sus emancipados hijos de América, una destilación que le priva de todos los elementos de idealidad que le templaban, reduciéndole, en realidad, a la crudeza que, en las exageraciones de la pasión o de la sátira, ha podido atribuirse al positivismo de Inglaterra. El espíritu inglés, bajo la áspera corteza de utilitarismo, bajo la indiferencia mercantil, bajo la severidad puritana, esconde, a no dudarlo, una virtualidad poética escogida, y un profundo venero de sensibilidad, el cual revela, en sentir de Taine,[3] que el fondo primitivo, el fondo germánico de aquella raza,

[1] Paul Bourget.
[2] 'La pratique constante des sciences naturelles n'avait pas enlevé au marquis Norbert ce goût des idées générales, sans lequel la tête mieux aprovisionée (sic) de faits ressemble à une cheminée garnie de bois, mais qu'on a négligé d'allumer. Bourget'; note in the Archivo Rodó, armario 2, 3A 7, 20559. The original source is unknown. It is clear, however, that Rodó has inverted totally the meaning of the French.
[3] *Histoire de la littérature anglaise* (8th ed. Paris, 1892), IV, 426-77 ('Le passé et le présent').

modificada luego por la presión de la conquista y por el hábito de la actividad comercial, fué una extraordinaria exaltación del sentimiento. El espíritu americano no ha recibido en herencia ese instinto poético ancestral, que brota, como surgente límpida, del seno de la roca británica, cuando es el Moisés de un arte delicado quien la toca. El pueblo inglés tiene, en la institución de su aristocracia, — por anacrónica e injusta que ella sea bajo el aspecto del derecho político, — un alto e inexpugnable baluarte que oponer al mercantilismo ambiente y a la prosa invasora; tan alto e inexpugnable baluarte que es el mismo Taine quien asegura que desde los tiempos de las ciudades griegas, no presentaba la historia ejemplo de una condición de vida más propia para formar y enaltecer el sentimiento de la nobleza humana. En el ambiente de la democracia de América, el espíritu de vulgaridad no halla ante sí relieves inaccesibles para su fuerza de ascensión, y se extiende y propaga como sobre la llaneza de una pampa infinita.

Sensibilidad, inteligencia, costumbres, — todo está caracterizado, en el enorme pueblo, por una radical ineptitud de selección, que mantiene, junto al orden mecánico de su actividad material y de su vida política, un profundo desorden en todo lo que pertenece al dominio de las facultades ideales. Fáciles son de seguir las manifestaciones de esa ineptitud, partiendo de las más exteriores y aparentes, para llegar después a otras más esenciales y más íntimas. Pródigo de sus riquezas — porque en su codicia no entra, según acertadamente se ha dicho,[1] ninguna parte de Harpagon, — el norteamericano ha logrado adquirir con ellas, plenamente, la satisfacción y la vanidad de la magnificencia suntuaria; pero no ha logrado adquirir la nota escogida del buen gusto. El arte verdadero sólo ha podido existir, en tal ambiente, a título de rebelión individual. Emerson, Poe, son allí como los ejemplares de una fauna expulsada de su verdadero medio por el rigor de una catástrofe geológica. Habla Bourget, en *Outre-mer*, del acento concentrado y solemne

---

[1] Paul Bourget, *Outre-mer*, II, 195.

con que la palabra *arte* vibra en los labios de los norteamericanos que ha halagado el favor de la fortuna; de esos recios y acrisolados héroes del *self-help*, que aspiran a coronar, con la asimilación de todos los refinamientos humanos, la obra de su encumbramiento reñido.[1] Pero nunca les ha sido dado concebir esa divina actividad que nombran con énfasis, sino como un nuevo motivo de satisfacerse su inquietud invasora y como un trofeo de su vanidad. La ignoran, en lo que ella tiene de desinteresado y de escogido; la ignoran, a despecho de la munificencia con que la fortuna individual suele emplearse en estimular la formación de un delicado sentido de belleza; a despecho de la esplendidez de los museos y las exposiciones con que se ufanan sus ciudades; a despecho de las montañas de mármol y de bronce que han esculpido para las estatuas de sus plazas públicas. Y si con su nombre hubiera de caracterizarse alguna vez un gusto de arte, él no podría ser otro que el que envuelve la negación del arte mismo: la brutalidad del efecto rebuscado, el desconocimiento de todo tono suave y de toda manera exquisita, el culto de una falsa grandeza, el *sensacionismo* que excluye la noble serenidad inconciliable con el apresuramiento de una vida febril.

La idealidad de lo hermoso no apasiona al descendiente de los austeros puritanos. Tampoco le apasiona la idealidad de lo verdadero. Menosprecia todo ejercicio del pensamiento que prescinda de una inmediata finalidad, por vano e infecundo. No le lleva a la ciencia un desinteresado anhelo de verdad, ni se ha manifestado ningún caso capaz de amarla por sí misma. La investigación no es para él sino el antecedente de la aplicación utilitaria. Sus gloriosos empeños por difundir los beneficios de la educación popular, están inspirados en el noble propósito de comunicar los elementos fundamentales del saber al mayor número; pero no nos revelan que, al mismo tiempo que ese acrecentamiento extensivo de la educación, se preocupe de seleccionarla y elevarla, para auxiliar el esfuerzo de las superioridades

[1] *Ibid.*

81

que ambicionen erguirse sobre la general mediocridad. Así, el resultado de su porfiada guerra a la ignorancia, ha sido la semi-cultura universal y una profunda languidez de la alta cultura. En igual proporción que la ignorancia radical, disminuyen en el ambiente de esa gigantesca democracia, la superior sabiduría y el genio. He ahí por qué la historia de su actividad pensadora es una progresión decreciente de brillo y de originalidad. Mientras en el período de la independencia y la organización surgen para representar, lo mismo el pensamiento que la voluntad de aquel pueblo, muchos nombres ilustres, medio siglo más tarde Tocqueville puede observar, respecto a ellos, que *los dioses se van.* Cuando escribió Tocqueville su obra maestra, aun irradiaba, sin embargo, desde Boston, la *ciudadela puritana,* la ciudad de las doctas tradiciones, una gloriosa pléyade que tiene en la historia intelectual de este siglo la magnitud de la universalidad. ¿Quiénes han recogido después la herencia de Channing,[1] de Emerson, de Poe? La nivelación mesocrática, apresurando su obra desoladora, tiende a desvanecer el poco carácter que quedaba a aquella precaria intelectualidad. Las alas de sus libros ha tiempo que no llegan a la altura en que sería universalmente posible divisarlos. Y hoy, la más genuina representación del gusto norteamericano, en punto a letras, está en los lienzos grises de un diarismo que no hace pensar en el que un día suministró los materiales de *El Federalista.*[2]

Con relación a los sentimientos morales, el impulso mecánico del utilitarismo ha encontrado el resorte moderador de una fuerte tradición religiosa. Pero no por eso debe creerse que ha cedido la dirección de la conducta a un verdadero principio de desinterés. La religiosidad de los americanos, como derivación extremada de la inglesa, no es más que una fuerza auxiliatoria de la legislación penal, que

[1] William Ellery Channing (1780–1842); Renan's study of him may have been known to Rodó.
[2] A collection of press articles published by Alexander Hamilton, James Madison and John Jay in defence of the Federal Constitution proposed by the Federal Convention of 1778.

evacuaría su puesto el día que fuera posible dar a la moral utilitaria la autoridad religiosa que ambicionaba darle Stuart Mill.[1] La más elevada cúspide de su moral es la moral de Franklin:– Una filosofía de la conducta, que halla su término en lo mediocre de la honestidad, en la utilidad de la prudencia; de cuyo seno no surgirán jamás ni la santidad, ni el heroísmo; y que, sólo apta para prestar a la conciencia, en los caminos normales de la vida, el apoyo del bastón de manzano con que marchaba habitualmente su propagador, no es más que un leño frágil cuando se trata de subir las altas[2] pendientes. Tal es la suprema cumbre; pero es en los valles donde hay que buscar la realidad. Aun cuando el criterio moral no hubiera de descender más abajo del utilitarismo probo y mesurado de Franklin, el término forzoso — que ya señaló la sagaz observación de Tocqueville — de una sociedad educada en semejante limitación del deber, sería, no por cierto una de esas decadencias soberbias y magníficas que dan la medida de la satánica hermosura del mal en la disolución de los imperios; pero sí una suerte de materialismo pálido y mediocre, y en último resultado, el sueño de una enervación sin brillo, por la silenciosa descomposición de todos los resortes de la vida moral. Allí donde el precepto tiende a poner las altas manifestaciones de la abnegación y la virtud fuera del dominio de lo obligatorio, la realidad hará retroceder indefinidamente el límite de la obligación. Pero la escuela de la prosperidad material, que será siempre ruda prueba para la austeridad de las repúblicas, ha llevado más lejos la llaneza de la concepción de la conducta racional que hoy gana los espíritus. Al código de Franklin han sucedido otros de más francas tendencias como expresión de la sabiduría nacional. Y no hace aún cinco años el voto público consagraba en todas las ciudades norteamericanas, con las más inequívocas manifestaciones de la popularidad y de la crítica, la nueva ley moral en que,

[1] See 'Of the ultimate sanction of the principle of utility', ch. 3 of *Utilitarianism* (1863).
[2] Erroneously as 'alas' in the second edition only.

desde la puritana Boston, anunciaba solemnemente el autor de cierto docto libro que se intitulaba *Pushing to the front*,[1] que el éxito debía ser considerado la finalidad suprema de la vida. La revelación tuvo eco aun en el seno de las comuniones cristianas, y se citó una vez, a propósito del libro afortunado, la *Imitación* de Kempis, como término de comparación.

La vida pública no se sustrae, por cierto, a las consecuencias del crecimiento del mismo germen de desorganización que lleva aquella sociedad en sus entrañas. Cualquier mediano observador de sus costumbres políticas os hablará de cómo la obsesión del interés utilitario tiende progresivamente a enervar y empequeñecer en los corazones el sentimiento del derecho. El valor cívico, la virtud vieja de los Hamilton, es una hoja de acero que se oxida, cada día más, olvidada, entre las telarañas de las tradiciones. La venalidad, que empieza desde el voto público, se propaga a todos los resortes institucionales. El gobierno de la mediocridad vuelve vana la emulación que realza los caracteres y las inteligencias y que los entona con la perspectiva de la efectividad de su dominio. La democracia, a la que no han sabido dar el regulador de una alta y educadora noción de las superioridades humanas, tendió siempre entre ellos a esa brutalidad abominable del número que menoscaba los mejores beneficios morales de la libertad y anula en la opinión el respeto de la dignidad ajena. Hoy, además, una formidable fuerza se levanta a contrastar de la peor manera posible el absolutismo del número. La influencia política de una plutocracia representada por los todopoderosos aliados de los *trusts*,[2] monopolizadores de la producción y dueños de

[1] Por M. Orisson Swett Marden. Boston, 1895. [*Sic.*; Rodó's original footnote]. Orison Swett Marden's book, first published in 1894, went through 12 editions in a single year (as Rodó was aware) and was widely translated, being still easily available in Spanish in Spanish America today. But Rodó's bias is clear. In fact Mr Marden's ideas are not so different from Rodó's. See especially ch. xiv ('Greater than wealth') which has the rubric: 'A man may make millions and be a failure still. He is the richest who enriches mankind most.'

[2] On this point Rodó originally intended to make use of S. Camacho Roldán, *Notas de viaje* (Bogotá, 1890), ch. xl (see the Archivo Rodó,

la vida económica, es, sin duda, uno de los rasgos más merecedores de interés en la actual fisonomía del gran pueblo. La formación de esta plutocracia ha hecho que se recuerde, con muy probable oportunidad, el advenimiento de la clase enriquecida y soberbia que, en los últimos tiempos de la república romana, es uno de los antecedentes visibles de la ruina de la libertad y de la tiranía de los Césares. Y el exclusivo cuidado del engrandecimiento material — numen de aquella civilización — impone así la lógica de sus resultados en la vida política, como en todos los órdenes de la actividad, dando el rango primero al *struggle-for-lifer*[1] osado y astuto, convertido por la brutal eficacia de su esfuerzo en la suprema personificación de la energía nacional, — en el postulante a su *representación* emersoniana,[2] — en el *personaje reinante*[3] de Taine.

Al impulso que precipita aceleradamente la vida del espíritu en el sentido de la desorientación ideal y del egoísmo utilitario, corresponde, físicamente, ese otro impulso, que en la expansión del asombroso crecimiento de aquel pueblo, lleva sus multitudes y sus iniciativas en dirección a la inmensa zona occidental que, en tiempos de la independencia, era el misterio, velado por las selvas del Mississippi. En efecto; es en ese improvisado Oeste, que crece formidable frente a los viejos estados del Atlántico, y reclama para un cercano porvenir la hegemonía, donde está la más fiel re-

armario 2, 3A 7, 20493 & 20497). However, this author, who took a far less pessimistic view of the U.S.A. than Rodó, did not survive the 'materiales preparatorios' stage of *Ariel* (cf. p. 21 above).

[1] Cf. P. Bourget, 'A un jeune homme', preface to *Le disciple* (Paris, 1889): 'Il a emprunté à la philosophie naturelle de ce temps la grande loi de la concurrence vitale, et il l'applique à l'œuvre de sa fortune avec une ardeur de positivisme qui fait de lui un barbare civilisé, la plus dangereuse des espèces. Alphonse Daudet, qui a su merveilleusement le voir et le définir, ce jeune homme moderne, l'a baptisé *struggle-for-lifer* . . . Il n'estime que le succès, — et dans le succès que l'argent.'

[2] See Ralph Waldo Emerson, *Representative Men* (1844).

[3] 'Or ce groupe de sentiments, de besoins et d'aptitudes constitue, lorsqu'il se manifeste tout entier et avec éclat dans une même âme, le *personnage régnant*, c'est-à-dire le modèle que les contemporains entourent de leur admiration et leur sympathie.' H. Taine, *Philosophie de l'art* (Paris, 1865), p. 158.

presentación de la vida norteamericana en el actual instante de su evolución. Es allí donde los definitivos resultados, los lógicos y naturales frutos, del espíritu que ha guiado a la poderosa democracia desde sus orígenes, se muestran de relieve a la mirada del observador y le proporcionan un punto de partida para imaginarse la faz del inmediato futuro del gran pueblo. Al virginiano y al yankee ha sucedido, como tipo representativo, ese dominador de las ayer desiertas Praderas, refiriéndose al cual decía Michel Chevalier, hace medio siglo, que 'los últimos serían un día los primeros'.[1] El utilitarismo, vacío de todo contenido ideal, la vaguedad cosmopolita, y la nivelación de la democracia bastarda, alcanzarán, con él, su último triunfo. Todo elemento noble de aquella civilización: todo lo que la vincula a generosos recuerdos y fundamenta su dignidad histórica, — el legado de los tripulantes del *Flor de Mayo*, la memoria de los patricios de Virginia y de los caballeros de la Nueva Inglaterra, el espíritu de los ciudadanos y los legisladores de la emancipación, — quedarán dentro de los viejos Estados donde Boston y Filadelfia mantienen aún, según expresivamente se ha dicho, 'el palládium de la tradición washingtoniana'. Chicago se alza a reinar. Y su confianza en la superioridad que lleva sobre el litoral iniciador del Atlántico, se funda en que le considera demasiado reaccionario, demasiado europeo, demasiado tradicionalista. La historia no da títulos cuando el procedimiento de elección es la subasta de la púrpura.

A medida que el utilitarismo genial de aquella civilización asume así caracteres más definidos, más francos, más estrechos, aumentan, con la embriaguez de la prosperidad material, las impaciencias de sus hijos por propagarla y atribuirle la predestinación de un magisterio romano. Hoy, ellos aspiran manifiestamente al primado de la cultura universal, a la dirección de las ideas, y se consideran a sí mismos los forjadores de un tipo de civilización que pre-

---

[1] Michel Chevalier, 'L'yankee et le virginien', *Lettres sur l'Amérique du Nord* (Brussels, 1837), I, 187.

valecerá. Aquel discurso semiirónico que Laboulaye pone en boca de un escolar de su París americanizado[1] para significar la preponderancia que concedieron siempre en el propósito educativo a cuanto favorezca el orgullo del sentimiento nacional, tendría toda la seriedad de la creencia más sincera en labios de cualquier americano viril de nuestros días. En el fondo de su declarado espíritu de rivalidad hacia Europa, hay un menosprecio que es ingenuo, y hay la profunda convicción de que ellos están destinados a oscurecer, en breve plazo, su superioridad espiritual y su gloria, cumpliéndose, una vez más, en las evoluciones de la civilización humana, la dura ley de los misterios antiguos en que el iniciado daba muerte al iniciador. Inútil sería tender a convencerles de que, aunque la contribución que han llevado a los progresos de la libertad y de la utilidad haya sido, indudablemente, cuantiosa, y aunque debiera atribuírsele en justicia la significación de una obra universal, de una obra *humana*, ella es insuficiente para hacer transmudarse, en dirección al nuevo Capitolio, el eje del mundo. Inútil sería tender a convencerles de que la obra realizada por la perseverante genialidad del arya europeo, desde que, hace tres mil años, las orillas del Mediterráneo, civilizador y glorioso, se ciñeron jubilosamente la guirnalda de las ciudades helénicas; la obra que aún continúa realizándose y de cuyas tradiciones y enseñanzas vivimos, es una suma con la cual no puede formar ecuación la fórmula *Washington más Edison*. Ellos aspirarían a revisar el Génesis para ocupar esa primera página. Pero además de la relativa insuficiencia de la parte que les es dado reivindicar en la educación de la humanidad, su carácter mismo les niega la posibilidad de la hegemonía. Naturaleza no les ha concedido el genio de la propaganda ni la vocación apostólica. Carecen de ese don superior de *amabilidad* — en alto sentido, — de ese extraordinario poder de simpatía, con que las razas que han sido dotadas de un cometido providencial de educación, saben

[1] René Lefebvre-Laboulaye, *Paris en Amérique* (6th ed. Paris, 1863), pp. 348–9; the speech is less ironic than rollicking.

hacer de su cultura algo parecido a la belleza de la Helena clásica, en la que todos creían reconocer un rasgo propio. Aquella civilización puede abundar, o abunda indudablemente, en sugestiones y en ejemplos fecundos; ella puede inspirar admiración, asombro, respeto; pero es difícil que cuando el extranjero divisa de alta mar su gigantesco símbolo: la Libertad de Bartholdi, que yergue triunfalmente su antorcha sobre el puerto de Nueva York, se despierte en su ánimo la emoción profunda y religiosa con que el viajero antiguo debía ver surgir, en las noches diáfanas del Ática, el toque luminoso que la lanza de oro de la Atenea del Acrópolis[1] dejaba notar a la distancia en la pureza del ambiente sereno.

Y advertid que cuando, en nombre de los derechos del espíritu, niego al utilitarismo norteamericano ese carácter típico con que quiere imponérsenos como suma y modelo de civilización, no es mi propósito afirmar que la obra realizada por él haya de ser enteramente perdida con relación a los que podríamos llamar *los intereses del alma*. Sin el brazo que nivela y construye, no tendría paz el que sirve de apoyo a la noble frente que piensa. Sin la conquista de cierto bienestar material es imposible en las sociedades humanas, el reino del espíritu. Así lo reconoce el mismo aristocrático idealismo de Renan, cuando realza, del punto de vista de los intereses morales de la especie y de su selección espiritual en lo futuro, la significación de la obra utilitaria de este siglo. 'Elevarse sobre la necesidad — agrega el maestro — es redimirse.'[2] En lo remoto del pasado, los efectos de la pro-

---

[1] Normally feminine; Rodó himself uses the feminine gender below.

[2] 'La tendance des classes pauvres au bien-être est juste, légitime et sainte, puisque les classes pauvres n'arriveront à la vraie sainteté, qui est la perfection intellectuelle et morale, que par l'acquisition d'un certain degré de bien-être. Quand un homme aisé cherche à s'enrichir encore, il fait une œuvre au moins profane, puisqu'il ne peut se proposer pour but que la jouissance. Mais quand un misérable travaille à s'élever au-dessus du besoin, il fait une action vertueuse; car il pose la condition de sa rédemption, il fait ce qu'il doit faire pour le moment. Quand Cléanthe passait ses nuits à puiser de l'eau, il faisait œuvre aussi sainte que quand il passait les jours à écouter Zénon' (*L'avenir de la science. Pensées de 1848* (Paris, 1890), p. 83).

saica e interesada actividad del mercader que por primera vez pone en relación a un pueblo con otros, tienen un incalculable alcance idealizador; puesto que contribuyen eficazmente a multiplicar los instrumentos de la inteligencia, a pulir y suavizar las costumbres, y a hacer posibles, quizás, los preceptos de una moral más avanzada. La misma fuerza positiva aparece propiciando las mayores idealidades de la civilización. El oro acumulado por el mercantilismo de las repúblicas italianas 'pagó — según Saint-Victor — los gastos del Renacimiento'.[1] Las naves que volvían de los países de *Las mil y una noches*, colmadas de especias y marfil, hicieron posible que Lorenzo de Médicis renovara, en las lonjas de los mercaderes florentinos, los convites platónicos. La historia muestra en definitiva una inducción recíproca entre los progresos de la actividad utilitaria y la ideal. Y así como la utilidad suele convertirse en fuerte escudo para las idealidades, ellas provocan con frecuencia (a condición de no proponérselo directamente) los resultados de lo útil. Observa Bagehot, por ejemplo, cómo los inmensos beneficios positivos de la navegación no existirían acaso para la humanidad, si en las edades primitivas no hubiera habido soñadores y ociosos — seguramente, mal comprendidos de sus contemporáneos — a quienes interesase la contemplación de lo que pasaba en las esferas del cielo.[2] Esta ley de armonía nos enseña a respetar el brazo que labra el duro terruño de la prosa. La obra del positivismo norteamericano servirá a la causa de Ariel, en último término. Lo que aquel pueblo de cíclopes ha conquistado directamente para el bienestar material, con su sentido de lo útil y su admirable aptitud de la invención mecánica, lo convertirán otros pueblos, o él

---

[1] 'Qu'est-ce que les Médicis, sinon des millionaires couronnés? Ennobli par cette toute-puissance, l'argent accomplit des miracles ; pour tout dire, il fit les frais de la Renaissance' (Paul de Saint-Victor, *Hommes et Dieux*, Paris, 1867, p. 378).

[2] 'And yet it is on these out-of-the-way investigations, so to speak, that the art of navigation, all physical astronomy, and all the theory of physical movements at least depend. But no nation would beforehand have thought that in so curious a manner such great secrets were to be discovered' (Walter Bagehot, *Physics and Politics*, ch. VI).

mismo en lo futuro, en eficaces elementos de selección. Así, la más preciosa y fundamental de las adquisiciones del espíritu, — el alfabeto, que da alas de inmortalidad a la palabra, — nace en el seno de las factorías cananéas[1] y es el hallazgo de una civilización mercantil, que, al utilizarlo con fines exclusivamente mercenarios, ignoraba que el genio de razas superiores lo transfiguraría convirtiéndole en el medio de propagar su más pura y luminosa esencia. La relación entre los bienes positivos y los bienes intelectuales y morales es, pues, según la adecuada comparación de Fouillée, un nuevo aspecto de la cuestión de la equivalencia de las fuerzas que, así como permite transformar el movimiento en calórico, permite también obtener, de las ventajas materiales, elementos de superioridad espiritual.[2]

Pero la vida norteamericana no nos ofrece aún un nuevo ejemplo de esa relación indudable, ni nos lo anuncia como gloria de una posteridad que se vislumbre. Nuestra confianza y nuestros votos deben inclinarse a que, en un porvenir más inaccesible a la inferencia, esté reservado a aquella civilización un destino superior. Por más que, bajo el acicate de su actividad vivísima, el breve tiempo que la separa de su aurora haya sido bastante para satisfacer el gasto de vida requerido por una evolución inmensa, su pasado y su actualidad no pueden ser sino un introito con relación a lo futuro. Todo demuestra que ella está aún muy lejana de su fórmula definitiva. La energía asimiladora que le ha permitido conservar cierta uniformidad y cierto temple genial, a despecho de las enormes invasiones de elementos étnicos opuestos a los que hasta hoy han dado el tono a su

---

[1] The accent is superfluous.
[2] 'Les biens matériels sont des conditions et des moyens pour les biens intellectuels ou moraux. Il y a là des "équivalents" de force, comme on dit en physique, et il ne s'agit au fond que de transformer une force dans l'autre. Donnez-moi une grande quantité de mouvement, et je vous donnerai une grande quantité de chaleur et de lumière; mettez à ma disposition des milliards, pourrait dire un politique éclairé, et je vous donnerai des hommes instruits, savants, des "contemplateurs du beau et du bien", ou mieux encore, des créateurs du beau et du bien, des génies' (A. Fouillée, *L'idée moderne du droit*, p. 341).

carácter, tendrá que reñir batallas cada día más difíciles, y en el utilitarismo proscriptor de toda idealidad no encontrará una inspiración suficientemente poderosa para mantener la atracción del sentimiento solidario. Un pensador ilustre, que comparaba al esclavo de las sociedades antiguas con una partícula no digerida por el organismo social, podría quizá tener una comparación semejante para caracterizar la situación de ese fuerte colono de procedencia germánica que, establecido en los Estados del centro y del Far-West, conserva intacta, en su naturaleza, en su sociabilidad, en sus costumbres, la impresión del genio alemán, que, en muchas de sus condiciones características más profundas y enérgicas, debe ser considerado una verdadera antítesis del genio americano. Por otra parte, una civilización que esté destinada a vivir y a dilatarse en el mundo; una civilización que no haya perdido, momificándose, a la manera de los imperios asiáticos, la aptitud de la variabilidad, no puede prolongar indefinidamente la dirección de sus energías y de sus ideas en un único y exclusivo sentido. Esperemos que el espíritu de aquel titánico organismo social, que ha sido hasta hoy *voluntad* y *utilidad* solamente, sea también algún día inteligencia, sentimiento, idealidad. Esperemos que, de la enorme fragua, surgirá, en último resultado, el ejemplar humano, generoso, armónico, selecto, que Spencer, en un ya citado discurso,[1] creía poder augurar como término del costoso proceso de refundición. Pero no le busquemos, ni en la realidad presente de aquel pueblo, ni en la perspectiva de sus evoluciones inmediatas; y renunciemos a ver el tipo de una civilización ejemplar donde sólo existe un boceto tosco y enorme, que aún pasará necesariamente por muchas rectificaciones sucesivas, antes de adquirir la serena y firme actitud con que los pueblos que han alcanzado un perfecto desenvolvimiento de su genio presiden al glorioso coronamiento de su obra, como en *el sueño del cóndor*[2] que Leconte de Lisle ha descrito con su

[1] See p. 78.
[2] 'Le sommeil du condor', *Poèmes barbares* (1862).

soberbia majestad, terminando, en olímpico sosiego, la ascensión poderosa, más arriba de las cumbres de la Cordillera.

VI

Ante la posteridad, ante la historia, todo gran pueblo debe aparecer como una vegetación cuyo desenvolvimiento ha tendido armoniosamente a producir un fruto en el que su savia acrisolada ofrece al porvenir la idealidad de su fragancia y la fecundidad de su simiente. Sin este resultado duradero, *humano*, levantado sobre la finalidad transitoria de lo *útil*, el poder y la grandeza de los imperios no son más que una noche de sueño en la existencia de la humanidad; porque, como las visiones personales del sueño, no merecen contarse en el encadenamiento de los hechos que forman la trama activa de la vida.

Gran civilización, gran pueblo, — en la acepción que tiene valor para la historia, — son aquellos que, al desaparecer materialmente en el tiempo, dejan vibrante para siempre la melodía surgida de su espíritu y hacen persistir en la posteridad su legado imperecedero — según dijo Carlyle del alma de sus 'héroes' :– *como una nueva y divina porción de la suma de las cosas*. Tal, en el poema de Goethe, cuando la Elena evocada del reino de la noche vuelve a descender al Orco sombrío, deja a Fausto su túnica y su velo. Estas vestiduras no son la misma deidad; pero participan, habiéndolas llevado ella consigo, de su alteza divina, y tienen la virtud de elevar a quien las posee por encima de las cosas vulgares.[1]

Una sociedad definitivamente organizada que limite su idea de la civilización a acumular abundantes elementos de

---

[1] PHORKYAS. 'Halte fest, was dir von allem übrig blieb!
Das Kleid, laß es nicht los! . . .
Die Göttin ists nicht mehr, die du verlorst,
Doch göttlich ists . . .
Es trägt dich über alles Gemeine rasch
Am Äther hin, solange du dauern kannst.' (*Faust*, pt. II, Act III.)
For Carlyle's interpretation of this incident, see 'Goethe's Helena', *Critical and miscellaneous essays* (London, 1889), I, 146.

prosperidad, y su idea de la justicia a distribuirlos equitativamente entre los asociados, no hará de las ciudades donde habite nada que sea distinto, por esencia, del hormiguero o la colmena. No son bastantes, ciudades populosas, opulentas, magníficas, para probar la constancia y la intensidad de una civilización. La gran ciudad es, sin duda, un organismo necesario de la alta cultura. Es el ambiente natural de las más altas manifestaciones del espíritu. No sin razón ha dicho Quinet que 'el alma que acude a beber fuerzas y energías en la íntima comunicación con el linaje humano, esa alma que constituye al grande hombre, no puede formarse y dilatarse en medio de los pequeños partidos de una ciudad pequeña'.[1] Pero así la grandeza cuantitativa de la población como la grandeza material de sus instrumentos, de sus armas, de sus habitaciones, son sólo *medios* del genio civilizador, y en ningún caso resultados en los que él pueda detenerse. De las piedras que compusieron a Cartago, no dura una partícula transfigurada en espíritu y en luz. La inmensidad de Babilonia y de Nínive no representa en la memoria de la humanidad el hueco de una mano si se la compara con el espacio que va desde la Acrópolis al Pireo.[2] Hay una perspectiva ideal en la que la ciudad no aparece grande sólo porque prometa ocupar el área inmensa que había edificada en torno a la torre de Nemrod;[3] ni aparece fuerte sólo porque sea capaz de levantar de nuevo ante sí los muros babilónicos sobre los que era posible hacer pasar seis carros de frente; ni aparece hermosa sólo porque, como Babilonia, luzca en los paramentos de sus palacios losas de alabastro y se enguirnalde con los jardines de Semíramis.

Grande es en esa perspectiva la ciudad, cuando los arrabales de su espíritu alcanzan más allá de las cumbres y

---

[1] 'Mais cette âme qui . . . va puiser des forces, des énergies inconnues dans la communication intime avec le genre humain, cette âme-là, qui est le grand homme, ne peut se dilater et se former au milieu des petits partis d'une petite ville' (Edgar Quinet, *La création*, Paris, 1870, II, 328).
[2] The port Piraeus, about five miles from Athens.
[3] Babel; cf. Genesis x. 8–10.

los mares, y cuando, pronunciado su nombre, ha de iluminarse para la posteridad toda una jornada de la historia humana, todo un horizonte del tiempo. La ciudad es fuerte y hermosa cuando sus días son algo más que la invariable repetición de un mismo eco, reflejándose indefinidamente de uno en otro círculo de una eterna espiral; cuando hay algo en ella que flota por encima de la muchedumbre; cuando entre las luces que se encienden durante sus noches está la lámpara que acompaña la soledad de la vigilia inquietada por el pensamiento y en la que se incuba la idea que ha de surgir al sol del otro día convertida en el grito que congrega y la fuerza que conduce las almas.

Entonces sólo, la extensión y la grandeza material de la ciudad pueden dar la medida para calcular la intensidad de su civilización. Ciudades regias, soberbias aglomeraciones de casas, son para el pensamiento un cauce más inadecuado que la absoluta soledad del desierto, cuando el pensamiento no es el señor que las domina. Leyendo el *Maud* de Tennyson, hallé una página que podría ser el símbolo de este tormento del espíritu allí donde la sociedad humana es para él un género de soledad. Presa de angustioso delirio, el héroe del poema se sueña muerto y sepultado, a pocos pies dentro de tierra, bajo el pavimento de una calle de Londres. A pesar de la muerte, su conciencia permanece adherida a los fríos despojos de su cuerpo. El clamor confuso de la calle, propagándose en sorda vibración hasta la estrecha cavidad de la tumba, impide en ella todo sueño de paz. El peso de la multitud indiferente gravita a toda hora sobre la triste prisión de aquel espíritu, y los cascos de los caballos que pasan parecen empeñarse en estampar sobre él un sello de oprobio. Los días se suceden con lentitud inexorable. La aspiración de Maud[1] consistiría en hundirse más dentro, mucho más dentro, de la tierra. El ruido ininteligente del tumulto sólo sirve para mantener en su conciencia desvelada el pensamiento de su cautividad.

[1] Of course it is not Maud, but her unfortunate lover, who is under the street. See 'Maud', part 2, v, i and xi.

Existen ya, en nuestra América latina, ciudades cuya grandeza material y cuya suma de civilización aparente, las acercan con acelerado paso a participar del primer rango en el mundo. Es necesario temer que el pensamiento sereno que se aproxime a golpear sobre las exterioridades fastuosas, como sobre un cerrado vaso de bronce, sienta el ruido desconsolador del vacío. Necesario es temer, por ejemplo, que ciudades cuyo nombre fue un glorioso símbolo en América; que tuvieron[1] a Moreno, a Rivadavia, a Sarmiento; que llevaron la iniciativa de una inmortal Revolución; ciudades que hicieron dilatarse por toda la extensión de un continente, como en el armonioso desenvolvimiento de las ondas concéntricas que levanta el golpe de la piedra sobre el agua dormida, la gloria de sus héroes y la palabra de sus tribunos, — puedan terminar en Sidón, en Tiro, en Cartago.

A vuestra generación toca impedirlo; a la juventud que se levanta, sangre y músculo y nervio del porvenir. Quiero considerarla personificada en vosotros. Os hablo ahora figurándome que sois los destinados a guiar a los demás en los combates por la causa del espíritu. La perseverancia de vuestro esfuerzo debe identificarse en vuestra intimidad con la certeza del triunfo. No desmayéis en predicar el Evangelio de la delicadeza a los escitas, el Evangelio de la inteligencia a los beocios, el Evangelio del desinterés a los fenicios.

Basta que el pensamiento insista en *ser*, — en demostrar que existe, con la demostración que daba Diógenes del movimiento, — para que su dilatación sea ineluctable y para que su triunfo sea seguro.

El pensamiento se conquistará, palmo a palmo, por su propia espontaneidad, todo el espacio de que necesite para afirmar y consolidar su reino, entre las demás manifestaciones de la vida. Él, en la organización individual, levanta y engrandece, con su actividad continuada, la bóveda del

---

[1] This plural must seem disingenuous since Mariano Moreno (1778–1811), Bernardino Rivadavia (1780–1845) and Domingo Sarmiento (1811–88) are all chiefly famous for the role they played in the history of Buenos Aires.

cráneo que le contiene. Las razas pensadoras revelan, en la capacidad creciente de sus cráneos, ese empuje del obrero interior. Él, en la organización social, sabrá también engrandecer la capacidad de su escenario, sin necesidad de que para ello intervenga ninguna fuerza ajena a él mismo. Pero tal persuasión que debe defenderos de un desaliento cuya única utilidad consistiría en eliminar a los mediocres y los pequeños, de la lucha, debe preservaros también de las impaciencias que exigen vanamente del tiempo la alteración de su ritmo imperioso.

Todo el que se consagre a propagar y defender, en la América contemporánea, un ideal desinteresado del espíritu, —arte, ciencia, moral, sinceridad religiosa, política de ideas, —debe educar su voluntad en el culto perseverante del porvenir. El pasado perteneció todo entero al brazo que combate; el presente pertenece, casi por completo también, al tosco brazo que nivela y construye; el porvenir—un porvenir tanto más cercano cuanto más enérgicos sean la voluntad y el pensamiento de los que le ansían—ofrecerá, para el desenvolvimiento de superiores facultades del alma, la estabilidad, el escenario y el ambiente.

¿No la veréis vosotros, la América que nosotros soñamos; hospitalaria para las cosas del espíritu, y no tan sólo para las muchedumbres que se amparen a ella; pensadora, sin menoscabo de su aptitud para la acción; serena y firme a pesar de sus entusiasmos generosos; resplandeciente con el encanto de una seriedad temprana y suave, como la que realza la expresión de un rostro infantil cuando en él se revela, al través de la gracia intacta que fulgura, el pensamiento inquieto que despierta? . . . Pensad en ella a lo menos; el honor de vuestra historia futura depende de que tengáis constantemente ante los ojos del alma la visión de esa América regenerada, cerniéndose de lo alto sobre las realidades del presente, como en la nave gótica el vasto rosetón que arde en luz sobre lo austero de los muros sombríos. No seréis sus fundadores, quizá; seréis los precursores que inmediatamente la precedan. En las sanciones glorificadoras del futuro hay también palmas para el recuerdo de los precursores. Edgar Quinet, que tan profundamente ha penetrado en las armonías de la historia y la naturaleza, observa que para preparar el advenimiento de un nuevo tipo humano, de una nueva unidad social, de una personificación nueva de la civilización, suele precederles de lejos un grupo disperso y prematuro, cuyo papel es análogo en la vida de las sociedades al de las *especies proféticas* de que a propósito de la evolución biológica habla Heer.[1] El tipo nuevo empieza por significar, apenas, diferencias individuales y aisladas; los individualismos se organizan más tarde en 'variedad'; y por último, la variedad encuentra para propagarse un medio que la favorece, y entonces ella asciende quizá al rango específico: entonces — digámoslo con las palabras de Quinet — *el grupo se hace muchedumbre, y reina.*[2]

He ahí por qué vuestra filosofía moral en el trabajo y el combate debe ser el reverso del *carpe diem*[3] horaciano; una filosofía que no se adhiera a lo presente sino como al peldaño donde afirmar el pie o como a la brecha por donde entrar en muros enemigos. No aspiraréis, en lo inmediato, a la consagración de la victoria definitiva, sino a procuraros mejores condiciones de lucha. Vuestra energía viril tendrá con ello un estímulo más poderoso; puesto que hay la virtualidad de un interés dramático mayor, en el desempeño de ese papel, activo esencialmente, de renovación y de conquista, propio para acrisolar las fuerzas de una generación heroicamente dotada, que en la serena y olímpica actitud que suelen las edades de oro del espíritu imponer a los oficiantes solemnes de su gloria. 'No es la posesión de los bienes, — ha dicho profundamente Taine, hablando de las alegrías del Renacimiento; — no es la posesión de bienes,

---

[1] Dr Oswald Heer, *Die Urwelt der Schweiz*; Quinet acknowledges a debt to the French translation of this work (*Le monde primitif de la Suisse*, Geneva, 1872) and indeed uses Heer's phrase as a title for ch. VII of book 11 of *La création*: 'Les espèces prophétiques' (ed. cit. II, 329).

[2] 'Ce groupe devient foule, elle règne' (*La création*, II, 330).

[3] Horace, *Odes*, I, xi, 7.

sino su adquisición, lo que da a los hombres el placer y el sentimiento de su fuerza.'[1]

Acaso sea atrevida y candorosa esperanza creer en un aceleramiento tan continuo y dichoso de la evolución, en una eficacia tal de vuestro esfuerzo, que baste el tiempo concedido a la duración de una generación humana para llevar en América las condiciones de la vida intelectual, desde la incipiencia en que las tenemos ahora, a la categoría de un verdadero interés social y a una cumbre que de veras domine. Pero, donde no cabe la transformación total, cabe el progreso; y aun cuando supierais que las primicias del suelo penosamente trabajado, no habrían de servirse en vuestra mesa jamás, ello sería, si sois generosos, si sois fuertes, un nuevo estímulo en la intimidad de vuestra conciencia. La obra mejor es la que se realiza sin las impaciencias del éxito inmediato; y el más glorioso esfuerzo es el que pone la esperanza más allá del horizonte visible; y la abnegación más pura es la que se niega en lo presente, no ya la compensación del lauro y el honor ruidoso, sino aun la voluptuosidad moral que se solaza en la contemplación de la obra consumada y el término seguro.

Hubo en la antigüedad altares para los 'dioses ignorados'. Consagrad una parte de vuestra alma al porvenir desconocido. A medida que las sociedades avanzan, el pensamiento del porvenir entra por mayor parte como uno de los factores de su evolución y una de las inspiraciones de sus obras. Desde la imprevisión obscura del salvaje, que sólo divisa del futuro lo que falta para el terminar de cada período de sol y no concibe cómo los días que vendrán pueden ser gobernados en parte desde el presente, hasta nuestra preocupación solícita y previsora de la posteridad, media un espacio inmenso, que acaso parezca breve y miserable algún día. Sólo somos capaces de progreso en cuanto lo somos de adaptar nuestros actos a condiciones cada vez más distantes de nosotros, en el espacio y en el tiempo. La seguridad de

---

[1] 'Ce n'est pas la possession, c'est l'acquisition qui donne aux hommes la joie et le sentiment de leur force' (*Histoire de la littérature anglaise*, I, 247).

nuestra intervención en una obra que haya de sobrevivirnos, fructificando en los beneficios del futuro, realza nuestra dignidad humana, haciéndonos triunfar de las limitaciones de nuestra naturaleza. Si, por desdicha, la humanidad hubiera de desesperar definitivamente de la inmortalidad de la conciencia individual, el sentimiento más religioso con que podría sustituirla sería el que nace de pensar que, aún después de disuelta nuestra alma en el seno de las cosas, persistiría en la herencia que se transmiten las generaciones humanas lo mejor de lo que ella ha sentido y ha soñado, su esencia más íntima y más pura, al modo como el rayo lumínico de la estrella extinguida persiste en lo infinito y desciende a acariciarnos con su melancólica luz.

El porvenir es en la vida de las sociedades humanas el pensamiento idealizador por excelencia. De la veneración piadosa del pasado, del culto de la tradición, por una parte, y por la otra del atrevido impulso hacia lo venidero, se compone la noble fuerza que levantando el espíritu colectivo sobre las limitaciones del presente, comunica a las agitaciones y los sentimientos sociales un sentido ideal. Los hombres y los pueblos trabajan, en sentir de Fouillée,[1] bajo la inspiración de las ideas, como los irracionales bajo la inspiración de los instintos; y la sociedad que lucha y se esfuerza, a veces sin saberlo, por imponer una idea a la realidad, imita, según el mismo pensador, la obra instintiva del pájaro que, al construir el nido bajo el imperio de una imagen interna que le obsede, obedece a la vez a un recuerdo inconsciente del pasado y a un presentimiento misterioso del porvenir.

Eliminando la sugestión del interés egoísta, de las almas, el pensamiento inspirado en la preocupación por destinos ulteriores a nuestra vida, todo lo purifica y serena, todo lo ennoblece; y es un alto honor de nuestro siglo el que la fuerza obligatoria de esa preocupación por lo futuro, el sentimiento de esa elevada imposición de la dignidad del ser

---

[1] *L'idée moderne du droit*, pp. 349 ff. : 'Les idées directrices des peuples et leur lutte pour l'existence.'

racional, se hayan manifestado tan claramente en él, que aun en el seno del más absoluto pesimismo, aun en el seno de la amarga filosofía que ha traído a la civilización occidental, dentro del loto de Oriente, el amor de la disolución y la nada, la voz de Hartmann[1] ha predicado, con la apariencia de la lógica, el austero deber de continuar la obra del perfeccionamiento, de trabajar en beneficio del porvenir, para que, acelerada la evolución por el esfuerzo de los hombres, llegue ella con más rápido impulso a su término final, que será el término de todo dolor y toda vida.

Pero no, como Hartmann, en nombre de la muerte, sino en el de la vida misma y la esperanza, yo os pido una parte de vuestra alma para la obra del futuro. Para pedíroslo, he querido inspirarme en la imagen dulce y serena de mi Ariel. El bondadoso genio en quien Shakespeare acertó a infundir, quizá con la divina inconsciencia frecuente en las adivinaciones geniales, tan alto simbolismo, manifiesta claramente en la estatua su significación ideal, admirablemente traducida por el arte en líneas y contornos. Ariel es la razón y el sentimiento superior. Ariel es este sublime instinto de perfectibilidad, por cuya virtud se magnifica y convierte en centro de las cosas, la arcilla humana a la que vive vinculada su luz, — la *miserable arcilla* de que los genios de Arimanes hablaban a Manfredo.[2] Ariel es, para la Naturaleza, el excelso coronamiento de su obra, que hace terminarse el proceso de ascensión de las formas organizadas, con la llamarada del espíritu. Ariel triunfante, significa idealidad y orden en la vida; noble inspiración en el pensamiento, desinterés en moral, buen gusto en arte, heroísmo en la acción, delicadeza en las costumbres. Él es el héroe epónimo en la epopeya de la especie; él es el inmortal protagonista; desde que con su presencia inspiró los débiles esfuerzos de racionalidad del primer hombre prehistórico, cuando por primera vez dobló la frente oscura para labrar

[1] Karl von Hartmann, *Die Philosophie des Unbewußten* (1869).
[2] 'All the spirits: "Prostrate thyself, and thy condemned clay" ' (Lord Byron, *Manfred*, ii, iv).

el pedernal o dibujar una grosera imagen en los huesos de reno; desde que con sus alas avivó la hoguera sagrada que el arya primitivo, progenitor de los pueblos civilizadores, amigo de la luz, encendía en el misterio de las selvas del Ganges, para forjar con su fuego divino el cetro de la majestad humana, — hasta que, dentro ya de las razas superiores, se cierne, deslumbrante sobre las almas que han extralimitado las cimas naturales de la humanidad; lo mismo sobre los héroes del pensamiento y el ensueño que sobre los de la acción y el sacrificio; lo mismo sobre Platón en el promontorio de Sunium, que sobre San Francisco de Asís en la soledad de Monte Albernia. Su fuerza incontrastable tiene por impulso todo el movimiento ascendente de la vida. Vencido una y mil veces por la indomable rebelión de Calibán, proscripto por la barbarie vencedora, asfixiado en el humo de las batallas, manchadas las alas transparentes al rozar el 'eterno estercolero de Job', Ariel resurge inmortalmente, Ariel recobra su juventud y su hermosura, y acude ágil, como al mandato de Próspero, al llamado de cuantos le aman e invocan en la realidad. Su benéfico imperio alcanza, a veces, aun a los que le niegan y le desconocen. Él dirige a menudo las fuerzas ciegas del mal y la barbarie para que concurran, como las otras, a la obra del bien. Él cruzará la historia humana, entonando, como en el drama de Shakespeare, su canción melodiosa, para animar a los que trabajan y a los que luchan, hasta que el cumplimiento del plan ignorado a que obedece le permita — cual se liberta, en el drama, del servicio de Próspero, — romper sus lazos materiales y volver para siempre al centro de su lumbre divina.

Aún más que para mi palabra, yo exijo de vosotros un dulce e indeleble recuerdo para mi estatua de Ariel. Yo quiero que la imagen leve y graciosa de este bronce se imprima desde ahora en la más segura intimidad de vuestro espíritu. Recuerdo que una vez que observaba el monetario de un museo, provocó mi atención en la leyenda de una vieja moneda la palabra *Esperanza*, medio borrada sobre la palidez decrépita del oro. Considerando la apagada inscripción, yo meditaba en la posible realidad de su influencia. ¿Quién sabe qué activa y noble parte sería justo atribuir, en la formación del carácter y en la vida de algunas generaciones humanas, a ese lema sencillo actuando sobre los ánimos como una insistente sugestión? ¿Quién sabe cuántas vacilantes alegrías persistieron, cuántas generosas empresas maduraron, cuántos fatales propósitos se desvanecieron, al chocar las miradas con la palabra alentadora, impresa, como un gráfico grito, sobre el disco metálico que circuló de mano en mano? . . . Pueda la imagen de este bronce — troquelados vuestros corazones con ella — desempeñar en vuestra vida el mismo inaparente pero decisivo papel. Pueda ella, en las horas sin luz del desaliento, reanimar en vuestra conciencia el entusiasmo por el ideal vacilante, devolver a vuestro corazón el calor de la esperanza perdida. Afirmado primero en el baluarte de vuestra vida interior, Ariel se lanzará desde allí a la conquista de las almas. Yo le veo, en el porvenir, sonriéndoos con gratitud, desde lo alto, al sumergirse en la sombra vuestro espíritu. Yo creo en vuestra voluntad, en vuestro esfuerzo; y más aún, en los de aquellos a quienes daréis la vida y transmitiréis vuestra obra. Yo suelo embriagarme con el sueño de día en que las cosas reales harán pensar que la Cordillera que se yergue sobre el suelo de América ha sido tallada para ser el pedestal definitivo de esta estatua, para ser el ara inmutable de su veneración.

Así habló Próspero. Los jóvenes discípulos se separaron del maestro después de haber estrechado su mano con afecto filial. De su suave palabra, iba con ellos la persistente vibración en que se prolonga el lamento del cristal herido, en un ambiente sereno. Era la última hora de la tarde. Un rayo del moribundo sol atravesaba la estancia, en medio de discreta penumbra, y tocando la frente de bronce de la estatua, parecía animar en los altivos ojos de Ariel la chispa inquieta de la vida. Prolongándose luego, el rayo hacía pensar en una larga mirada que el genio, prisionero en el bronce, enviase sobre el grupo juvenil que se alejaba. Por mucho espacio marchó el grupo en silencio. Al amparo de un recogimiento unánime, se verificaba en el espíritu de todos ese fino destilar de la meditación, absorta en cosas graves, que un alma santa ha comparado exquisitamente a la caída lenta y tranquila del rocío sobre el vellón de un cordero. Cuando el áspero contacto de la muchedumbre les devolvió a la realidad que les rodeaba, era la noche ya. Una cálida y serena noche de estío. La gracia y la quietud que ella derramaba de su urna de ébano sobre la tierra, triunfaban de la prosa flotante sobre las cosas dispuestas por manos de los hombres. Sólo estorbaba para el éxtasis la presencia de la multitud. Un soplo tibio hacía estremecerse el ambiente con lánguido y delicioso abandono, como la copa trémula en la mano de una bacante. Las sombras, sin ennegrecer el cielo purísimo, se limitaban a dar a su azul el tono obscuro en que parece expresarse una serenidad pensadora. Esmaltándolas, los grandes astros centelleaban en medio de un cortejo infinito; Aldebarán, que ciñe una púrpura de luz; Sirio, como la cavidad de un nielado cáliz de plata volcado sobre el mundo; el Crucero, cuyos brazos abiertos se tienden sobre el suelo de América como para defender una última esperanza . . .

Y fué entonces, tras el prolongado silencio, cuando el más joven del grupo, a quien llamaban 'Enjolras'[1] por su ensimismamiento reflexivo, dijo, señalando sucesivamente la perezosa ondulación del rebaño humano y la radiante hermosura de la noche:

— Mientras la muchedumbre pasa, yo observo que, aunque ella no mira al cielo, el cielo la mira. Sobre su masa indiferente y oscura, como tierra del surco, algo desciende de lo alto. La vibración de las estrellas se parece al movimiento de unas manos de sembrador.

[1] The character in Hugo's *Les Misérables*; the final sentence of *Ariel* (spoken by Enjolras) is also reminiscent of Hugo, of the poem 'Saison des semailles, le soir'.

INDEX OF NAMES